U0033472

李登輝訪日秘聞

王輝生（大田一博）著

再版序

台日同悲、哀思綿綿緬懷台灣人間國寶

七月三十日，李前總統的噩耗傳來，日本上上下下，不論官民、不分朝野，以及所有媒體都不約而同地同表哀痛之意。視李如師的安倍首相，對於李前總統的不幸，他說：「衷心感到悲慟至極，為了日、台的親善及促進友好關係作出了巨大的貢獻。」並稱贊李前總統，「將自由、民主主義及人權等普世價值根植台灣，奠定了日、台關係的基礎」；在野的立憲民主黨，枝野幸男黨代表，更是推崇有加：「將台灣的軍事獨裁體制，和平地轉移成亞洲最民主的體制，李前總統是二十世紀最偉大的政治家之一。」視李如父，暱稱李前總統為「多桑（父親）」的東京都小池百合子知事，也淚眼汪汪地特地前往台灣駐日代表處弔唁，而內閣中的麻生太郎副首相及菅義偉官房長官等現役的大臣們，也都紛紛破例，親自前往代表處致悼念之意。

去年十一月廿九日，中曾根康弘前首相，以一〇一歲的高齡去世，他是終戰後在日本歷史上，具有舉足輕重地位的大人物，也是戰後四十年以來，首位敢破例參訪靖國神社的日本首相，所以他的往生，當然是備極哀榮，但，日本媒體報導的幅度或舉國哀思的程度，比起遠在台灣的外國人李前總統，卻是，稍遜一籌。

如今，日本全國上下，如此哀思綿綿地悼念李前總統，與二十年前對待李前總統的薄情寡義，眞是天壤之別。

二十年前李前總統卸任官職後，一心一意想重訪日本及母校京大，以重溫舊夢，然而，當時日本政府卻百般阻擾，拒發簽證（二〇〇五年以後日本才開放台灣人免簽來日），經過一番折騰，李前總統終於在二〇〇一年完成了首次訪日的就醫之旅。

當時的森喜朗首相也隨之黯然下台。而我召開記者會公布連署運動的成果，似乎成爲壓跨駱駝的最後一根稻草，二十年來，我始終耿耿於懷而歉疚難安。

八月九日森喜朗前首相代表日本，前往台灣弔唁李前總統，我聞訊眞是百感交集而五味雜陳。

尤其，當看到八十三歲高齡的森前首相，身體違和，曾因前列腺癌而開過刀，五年前因肺癌而切除左肺，去年又因腎功能低下，目前正在接受每週三天的洗腎折磨，由於東奧延期，使得身兼「東奧組織委員會」會長的他更是心力交瘁。然而，即使是滿身瘡痍，手腕插著靜脈留置針，仍然，千里迢迢，毅然遠赴台灣，步履蹣跚去送別李前總統，這種情深義重的異國情誼，更讓旅日台僑的我，感激涕零而深深鞠躬。

李、森這兩位台、日前元首之間的千絲萬縷關係，正好印證了這二十年來台、日交流苦盡甘來的滄桑史，值得台、日兩國人民細想及深思。

李前總統是柏拉圖《理想國》中的「Philosopher king（哲人王）」，高瞻遠矚，深謀遠慮，卸任後，一步一腳印地在日本篳路藍縷，不但成功地將自己大丈夫的身影，及台灣備受委曲的窘境，深深地烙印在這個全亞洲最自傲的人民心坎中，更以「眞實自然」*的言行，將日本政府如何不公不義地對待她的善鄰，一幕一幕地在很自然的情況下，呈現在日本人民的眼前。如今，日本的民意調查中，有八成多、近九成的日本民眾對台灣有好感，二十年來，我親身見證並經歷了台日交流，由剝而復的風風雨雨，去年我知道李前總統的健康每況愈下，所以，決定將這一段不爲人知的歷史，平鋪直述地記錄下來。

由於書中有許多李前總統、陳總統及蔡主席的私函，去年年底，原本國史館的陳儀深館長有意出版，並提供許多寶貴意見，想不到四月起，李前總統病況有變，而國史館的官方作業必須按部就班，而曠日費時，所以，建議我改由民間出版社接手，及早出版，期能爲李前總統祈壽。

---

* 李前總統贈送別人的墨寶大都是「誠實自然」，惟獨贈我「真實自然」，令我琢磨再三，發現其來

有自，而且筆重心長。

「誠實」是人類所獨有的問題，宇宙萬物是不會有「誠實」的議題。惟有將宇宙萬物與「人」等量齊觀地併合看待才是「真實」，也就是天人合一「天地與我並生、萬物與我為一」的概念，這是道家思想的精髓所在。

西方哲學的「Ultimate reality終極真實（究竟真實）」或日本西田哲學所稱的「絕對無的場所」、佛家的「究竟涅槃」乃至老子所謂的「道」等等異名同謂，玄之又玄的眾妙之門，都可以說是形而上哲學所探究的源頭所在。

道生萬物、萬法歸道，「真實」就是不虛，「究竟真實」也就是「道」，而「道法自然」，所以，凡人修煉的最高境界就是「真實自然」，修到此層次，則「心無罣礙、無罣礙故、無有恐怖」就能達到「遠離顛倒夢想」的圓滿境界。

熟識老子的理論並師承京都學派西田哲學的李前總統，就是秉持老子「反者道之動、弱者道之用」的原則，運用「知雄守雌、知白守黑、知榮守辱」的手段，先放空自己、將自己回歸到「絕對無」的「場所」，所以能包容萬物、統攝萬民，「無為而無所不為」，居此「真實自然」、天人合一的戰略高度，故能遊刃有餘地馳騁官場、氣定神閒地掌控世局而叱吒風雲。

耶穌說：「先知除了在自己的本鄉本家之外，沒有不受人尊敬的」；老子也認為：被褐懷玉的聖人，有時難免會因知音難覓，而有「夫唯無知、是以不我知」之憾，因之興起「知我者希、則我者貴矣」之慨。

榮蒙「Philosopher king（哲人王）」李前總統，另眼相看，筆重心長，所惠贈的金玉墨寶，我將奉為圭臬，引為傳家之寶而終身信守不渝。

想不到，噩耗突傳，巨星殞落，不勝哀傷，比叡山麓暮雲靄靄多蒼茫、琵琶湖畔落日餘暉倍淒涼，雲罩青山、湖水嗚咽，仰天長嘯，嘆至尊長逝、悲哲人永休，樹欲靜而風不止，阿輝伯，多年來您老人家，爲了衛護我所魂牽夢縈的故鄉台灣，而鞠躬盡瘁、死而後已，「眞多謝」。

這句看似樸實無華的台灣話，卻是，二〇〇一年一月三日我攜帶一萬五千多份連署成果的原稿，赴鴻禧山莊，首度晉見時，他老人家對我開門見山就說的第一句話，我當時誠惶誠恐而手足失措，竟然忘記回禮，十九年來我始終耿耿於懷，去年當遙知老人家身體違和時，趕緊將他在日本所留下的雪泥鴻爪，拾掇成書，想對我當年的妄失分寸，有所補償，所以，邊寫邊傳眞給他老人家玉覽，想不到書已付梓，而且，增刷在即，人卻遠離，現在天人永隔，草木爲之含悲，風雲因而變色，在他老人家剛走之際，我無言獨上高樓，淚眼婆娑地朝南吶喊「阿輝伯，眞多謝，一路好走」。

二〇二〇年八月二十二日

王輝生於日本比叡山麓琵琶湖畔合掌鞠躬

目次

第二章　感性之旅——睽違一甲子的師生會

第三章　李前總統的恩師父子及京大交流

第四章　學術文化之旅及公開演講的解禁

第五章　訪問京大，再現曙光

第六章 日本國會演講及蔡英文主席接棒訪日

推薦序

《李登輝訪日秘聞》寄語

王輝生醫師是一位俠骨柔情的仁醫，富正義感和同情心，尤對台灣故鄉的愛心更是濃厚。他在京都琵琶湖畔行醫，近年來日旅遊國人漸多，生病受傷的事故也不少，有些急迫或下班時間的狀況，台灣駐大阪辦事處都麻煩他協助，王醫師都全力以赴幫忙，除了簡單可以處理的狀況之外也熱心轉介其他醫療單位請求協助，可說是大家非常尊敬和依賴的台灣醫師。

就我所知，因為駐大阪辦事處轄區廣闊，他還曾遠赴各地，主動解決台人急難救助的問題。此外，他對台灣的政治關心，熱愛民主、鄉土，及人權。我二〇〇七年為了參選總統，想到京都大學演講，由於京大比較保守，要在校園演講實不容易，後來透過王醫師的積極奔走，終於在京大醫學部校區內的芝蘭會館順利演講，那段期間，他亦陪同我拜訪昔日的老師、以及一位在琵琶湖畔養病的同學。王醫師的熱忱跟友誼，深深讓我感動。之後多次來往，發現王醫師的文字造詣相當高深，對古漢學文字、詩詞的運用更是出神入化。我因家學受過漢醫薰陶，有一次向他提及此事，他很熱心將其研習過的心得備忘錄送給我，發現他對漢醫的體會非常深入，見解也獨到。另外有一次見面，在明智光秀的墓旁散步參觀，我倆對上頭的碑文有不同見解，事後他傳訊息告訴我說很欽佩我，說他是誤會了碑文的意思，像王醫師這樣身分的人，很少願意這樣謙虛接受別人見解的。

台日間因為沒有正式邦交，也欠缺彼此交流的法律基礎，稍微敏感的事情都會顧慮中國的態度，所以台灣前總統這樣的身分要到日本來是很不容易的。因此二〇一五年李前總統可以來日本，尤其是在國會演講，更需要突破很多困難和禁忌。其幕後的辛勞跟曲折，外界難以知道。這本書編輯期間，產經新聞也正在連載李登輝秘錄，就李前總統來日的內幕似乎沒有描述得那麼深刻。這一次王醫師這本《李登輝訪日秘聞》正好補足這部分，讓這個空白沒有留下遺憾。

這本書，因為李前總統的身分，他到日本訪問是一個台日之間重要的大事，也是兩國交流政治史上的一個重要歷史，所以這個秘辛不單是他個人的紀錄，也是台日歷史上的重要一頁。很高興能為這本書寫幾個字推薦，也表示我對王輝生醫師的欽佩。

謝長廷（台灣駐日大使・前民進黨主席・前高雄市市長・前行政院院長）

「李登輝訪日秘聞」まえがき

王輝生先生は、情に厚く気骨ある医師です。正義感と思いやりにあふれ、故郷台湾を思う気持ちが誰よりも強いです。王先生は滋賀県の琵琶湖の湖畔で開業医をしています。近年は旅行で来日する台湾人が増え、日本に滞在中に病気やケガをする人も少なくありません。緊急時や診療時間外のときにも、台湾の駐大阪弁事処（総領事館に相当）はたびたび王先生に協力をお願いし、王先生はいつも全力で助けてくれました。簡単に処置できる状況でないときにも、他の医療機関で受診できるよう熱心に紹介の手続きを協力してくださり、王先生は皆が尊敬する頼れる台湾人医師です。

駐大阪弁事処の管轄地域は非常に広いのですが、王先生はこれまで遠方でも現場まで赴き、進んで緊急救命の問題解決に取り組んでくれました。王先生は台湾の政治にも関心を寄せ、民主主義、郷土、人権をいつも大切にしています。私が２００７年に総統選挙候補者として京都大学で講演することを計画した際、京大は保守的で、キャンパス内で講演することが難しい状況でしたが、後に王先生が奔走してくれたおかげで、京大医学部キャンパス内の芝蘭会館で無事講演することができました。あのとき、王先生は私の恩師や、琵琶湖の近くで療養している同級生の訪問にも付き添ってくれました。王先生の真心と友情に私は深く感動しました。

その後、何度かお会いして、王先生の文筆の造詣の深さに気付きました。古典の漢文や詩の応用が非常に巧みです。私が実家で漢方医学を学んだことを王先生に一度話したことがあり、王先生はそれから熱心に研究したメモを私に送ってくれました。そこには、王先生の漢方医学に対する非常に深い知識に基づく独自の見解が記されていました。また、別の機会に一緒に明智光秀のお墓を訪れた際、私と王先生は、その碑文の解釈について意見が分かれました。後に王先生から私にメールが届きました。王先生は、碑文の意味を誤解していたことを私に告げ、敬意を伝えてくれました。王先生のような社会的地位のある人が、このような異なる意見を謙虚に受け入れてくれたことは、なかなか難しいことです。

台湾と日本の間には正式な国交がないため、互いの交流の法的根拠が欠如しており、少しでも政治的に敏感なことは何でも中国の顔色をうかがわなければならず、台湾のすでに退任した総統でも日本へ来ることは容易ではありません。したがって、2015年に李登輝元総統が来日できたことは大変なことであり、とりわけ国会議員会館で演説できたことは、いくつもの困難やタブーを打ち破らねばなりませんでした。その裏側での辛労と曲折は、外部からは見えません。産経新聞では今ちょうど李登輝秘録が連載されていますが、王先生の「李登輝訪日秘聞」が出版されたことで、李登輝元総統の来日の歴史的瞬間がどのように生まれたか、より詳細に知ることができると思います。

本書に書かれている李登輝氏が「元総統」として日本を訪問したことは、台日間の重要な出来事であり、両国の政治交流における重要な歴史だといえます。この見えない苦労は、王先生の個人的な記録というだけでなく、台日関係史の重要な1ページであるといえます。本書を推薦する序文を書かせていただき、誠に光栄であると同時に、王輝生先生に心より敬意を表します。

謝長廷 敬具

台湾駐日大使・民進党（台湾与党）元主席・高雄市元市長・行政院元院長（総理大臣に 相当）

推薦序
台灣心

好友王輝生（大田一博）醫師，京都大學醫學博士，和也是醫生的夫人（大田貴美子）在京都附近琵琶湖旁行醫近三十年，熱心除病救人，仁醫也。我被他看過病，性命保證。

我是政治學者，對他醫學的成就無從瞭解，無法評論。和他深交，與醫學無關。我寫政治評論近六十載，爲人狂妄，自認彭明敏教授外，文不輸他人。但近年讀輝生文章，對他古今文學之博覽、深刻理解，文字、尤其是古文之精通、掌握、運作，嘆爲觀止，五體投地。

我大學讀外文，之後去美國讀政治，很少讀中國古書。讀輝生文章，感覺可比司馬遷、歐陽修。不過，我喜歡他的文章，不是因爲他的文字古典優雅，而是他文章蘊含的台灣心。

我們兩個番薯仔，他流浪日本四十年，我流浪澳洲近五十年，我們人在海外，心在台灣，同病相憐。一生關懷的就是寶島台灣的獨立生存、民主自由。我們當然不能、不敢比前總統李登輝、前資政彭明敏、民主戰士黃信介、林義雄、鄭南榕等，但我們在旁搖旗吶喊，盡力爲台灣的民主獨立，幫小忙，做小事，卻也做出一些微薄貢獻。

不過，我的台灣心比不上王輝生的。我死後會把骨灰撒在澳洲的大海上，他卻愈老台灣心愈重，身在美麗的琵琶湖，心卻在魚池鄉的日月潭。他已買好骨灰塔位，死後灰歸魚池。

爲台灣，輝生做過一件大事，就是本書記載的，爲李前總統突破日本政治禁忌、以京大校友名義發起「贊同李前總統訪問日本及母校京大」的連署運動，促成了李前總統卸任後訪日，讓「滿身洋溢著武士道俠義精神的『台灣の李登輝』從此根深柢固地深植於日本人的心目中」。

讀這本書可以深切感覺到輝生那顆熾熱的台灣心、台灣情。李前總統突破日本「中國情結」（怕中國）的政治正確，訪問京都母校，雖不是典範移動的政治大事，不一定留名青史，但絕對是台灣與日本人民感情交流的珍貴故事。輝生是故事的始作俑者，從頭到尾參與其事，知道故事的來龍去脈。他嘗盡甜酸苦辣、吃盡苦頭，卻也看到圓滿結局的歷史驚豔意義，與高采烈、與有榮焉。由他現身說法，典雅文字細說故事，讀來特別生動，意味盈然。

輝生留日四十年，非常清楚日本歷史文化、人情世故。他書中論述日本政治的現實無情、人民的有情有義、有血有淚，讓讀者深入瞭解台日關係。他深刻分析、說明李前總統的台灣精神和日本武士道並養兼蓄的人文特質，備受日本人民愛戴、敬仰，因而造成李登輝旋風，非常值得讀者品味、深思。

台灣精神和日本武士道之外，加上西方基督教文明和民主信念的深刻修為，輝生稱李前總統為「哲人政治家」，政治學的用語是「philosopher-king」（哲王）。台灣人喜歡叫李前總統「阿輝伯」，我喜歡叫阿輝伯台灣的「Mr. Democracy（民主先生）」（《時代雜誌》）。

輝生描述李前總統二〇一四年十二月三十一日進入京都拜訪九十八歲高齡的恩師柏祐賢教授，是本書重心。故事有諜對諜的精采細節，有趣，有意思，卻也說出台日關係的政治困惑、民心所在。歷經大戰，亂世滄桑，師生離別六十一年後再會，其歡喜卻也哀傷的情景，動人心弦。二〇一七年三月十二日柏教授病逝。李前總統無法出席恩師葬禮，去信悼念，回憶二〇〇四年會面時，老師邊笑邊說的話：「歷經百年，師徒仍是師徒，可是這位已經是聞名天下的『天下人』了。」李前總統說，「如果，當時沒有柏老師偉大無私的教誨，我相信就沒有現在的李登輝了。」

二〇〇五年一月二日，訪問老師後，李前總統去清水寺司馬遼太郎墳前獻花，一樣充滿戲劇性，但有點「台灣人的悲哀」、歹戲拖棚的無奈感。

十年後，二〇一五年七月二十二日，李前總統再突破政治禁忌，不僅進入東京，還進入國會，在日本權力中心的永田町，向國會議員發表「台灣的典範轉移」演講，以深厚理論分析台灣人的認同、中國政治特性和台灣的自由民主成就。這絕對可以和他一九九五年六月九日在美國康乃爾大學歐林講座（Olin Lecture）發表「民之所欲，長在我心」的公開演說，兩相輝映，彰顯了李前總統台灣民主先生的哲學思想深厚修養。

對我來講，最感動的當然是全書透露的濃厚的愛台心思、心切。輝生呼籲台灣同鄉、日本朋友連署支持李前總統訪問京大，每篇發言、書信，都苦口婆心，要說服大家看清台灣自由民主的難能可貴，看透專制中國對民主台灣的致命威脅。他千辛萬苦邀請李前總統訪問京都，就是要爲台灣發聲，要日本和台灣站在一起抗拒中國侵略。

他說的話、做的事，有道理，有意義，才會說服PHP綜合研究所的江口克彥社長、椎名素夫參議員等有力人士，大力支持他自稱的唐吉訶德「憨人」行動，讓他愚公移山地完成了本來看起來是不可能的任務（mission impossible）。

如是mission impossible，值得一記。My old friend, Dr Ota, well done（做得好）！Well written（寫得好）！

二〇一九年耶誕節前寫於澳洲布里斯本河邊寒舍

邱垂亮（台灣在澳協會會長．前僑務委員．前總統府國策顧問．前澳洲昆士蘭大學教授．美國加州大學政治學博士）

推薦序

慶祝大田一博先生的著作出版

我在擔任國會議員時的二〇一五年春天，另有要事拜訪當時的下村博文文部科學大臣（教育部長）。事後，我向下村大臣提案：能否促成李登輝前總統蒞臨日本國會議員會館演講。因爲此事不僅日本的國會議員從來無人提案過，而且也從未有人想過，下村大臣對於我的提案會否應允，事前我的內心有點不安。但是，下村大臣當場不假思索就說：「這是好主意。我們來促成此事吧！」他快意允諾了，並且說：「我也會稟告安倍首相。」數小時後，我致電菅義偉官房長官，稟告了與下村大臣談話的概要，其實，敦請李登輝前總統的事，原來已經傳到菅官房長官耳中了。他說：「會傳達稟告安倍總理，請給我時間。」

隔天，接到菅官房長官來電說：「安倍總理也說一定要敦請，所以，這個話題就進一步推行吧！」

其後我們隨即以下村大臣爲中心，跨黨派結成「實現李登輝先生演講・國會議員之會」。首先，由我訪台晉見李登輝，事先稟告此事，而正式的敦請，則由安倍總理的親弟弟岸信夫國會議員訪台時親呈李登輝前總統。

終於，同年的七月二十二日，在日本眾議院第一議員會館舉行了李登輝前總統的演講會。原本只可容納四百人的會場，共有國會議員三百人以上，加上議員秘書等等，約有五百人左右齊聚一堂、恭聽李登輝前總統的演講。因爲如此，連超級大人物的議員也不得不貼靠周圍的牆壁站著聽講，直到演講結束，也沒有人中途離場。如此場景是前所未有的現象。李登輝前總統以「台灣的典範轉移」爲題，用日語演講。滔滔不絕地闡述其持論：「在台灣『獨立台灣人』的意識已經確立。我們對於所謂『一個中國』無法苟同。『託古改制』行不通、必須『脫古改新』」云云。這種具有雷霆萬鈞迫力、及威武堂堂風格的李登輝前總統，面對其丰采英姿，日本的國會議員們有人被其魅力所折服迷倒，甚而，有人更是深深感銘，認爲如此人物才是眞正的最高指導者。李登輝前總統竟然帶給日本國會議員們如此強烈的衝擊，簡直是超乎想像意料之外。

當天傍晚，我再度致電菅官房長官，除了答謝此次的協助，對於至今爲止，日本歷代總理所迴避的「現任」總理大臣與李登輝前總統面談的事，我也做了要求。菅官房長官回答說：「知道了。總而言之，稟告總理。」隔晨六點前，菅官房長官來電：「安倍總理已經瞭解了。今天早上，聽說總理會前往李登輝前總統住宿飯店的房間。」接著又附加叮嚀：「只是，本件是極秘之事，拜託！」

安倍總理與李登輝前總統的面談，在當天七月二十三日上午，按照預定行程如期見面。關於此次的面談，媒體記者已經確認屬實，但面對詢問時，安倍總理說：「不知道這個事。」而李登輝則回應說：「No comment，沒有評論。」

有關此事，大田一博先生在本書，有進一步記述，我想讀者應該可以更深層地知悉整個事情始末。

如果要說我為何對李登輝前總統的感想如此強烈，事出有因，我們自一九八六年李登輝副總統時代起就認識，在如此漫長的交往過程中，至今為止，我確信「李登輝」這樣的人物，不但是世界引以為傲的最高領導者，是高山仰止的崇高人物，而且也是超人的、哲人的、超絕的人物。李登輝前總統是我畢生最尊敬的人之一。另一位是我曾經服侍過的松下幸之助先生（日本經營之神）。

在我三十幾年與李登輝前總統交流或幫他改稿潤筆的過程中，很自然地受到大田一博先生的許多指導。二條河川在不知不覺中，匯聚合流成為大河大江一般。我認為我與大田一博先生的「友情之大河」是極為自然形成的，而且我想似乎也是必然的結局。而我們的「友情之大河」共同蘊含著對「李登輝的憧憬」，隨著時間的流逝，大河日益清澈，友情更加深交而混成一體。

我不知是否還有其他像大田先生這樣純粹、熱情的人。他往往瀟灑地割捨擱置自己的事，老是思索著有關台灣、台灣同胞及李登輝前總統的事情，以及各種各樣、形形色色的獻身奉仕。偶爾他會打來電話，說話口氣好像國士、義士、志士的樣子。正如明治維新的坂本龍馬、西鄉隆盛、勝海舟、後藤新平般的人物。這種自主獨立的精神，似乎僅次於李登輝前總統。日本慶應義塾大學的創始者福澤諭吉的傳世名言：「沒有自主獨立氣概的人，對於國家不可能有深切的思考。」大田一博先生的確就是秉持著這樣的精神，我認為可以稱得上是一位高潔的「武士Samurai」。

如此的大田一博先生，我得知他的著作將付梓出版。對於到目前為止的「大田一博」來說，這是理所當然的著作，沒有比這個更值得我高興的事了。李登輝前總統共九度訪問日本。除了日本國會議員會館的演講外，書中也提及許多趣味盎然的秘聞，希望許許多多的人們能夠閱讀此書。

此外，在歷代台灣出類拔萃的駐日大使中，今日被許多日本政治家、有識之士、日本國民所高度評價的謝大使，我聽說他也有對本書惠賜讚辭及推薦序文。只要想及大田一博高潔國士之形象，我認爲這亦是至極當然的美事。

盟友大田一博先生的大作即將出版，我除了慶祝之外，祈盼他今後更加活躍。

江口克彥（東亞細亞情勢研究會理事長・PHP綜合研究所前社長・參議院前議員・籌創並經營「松下政經塾」廿二年・慶應大學經濟學博士）

大田一博先生の著作出版を祝う

私が日本の国会議員をしていた2015年の春、別の要件があって、当時の下村博文文部科学大臣を訪ねた。その用件が終わった後、私は、下村大臣に、台湾の李登輝元総統を日本の国会議員会館で講演をしてもらうことを進めてもらえないかと提案した。それは、日本の国会議員の誰も提案するどころか、考えたこともなかったことなので、私の提案を下村大臣が了承してくれるかどうか、不安であった。

ところが、下村大臣は、即座に、「それはいい話だ。進めようではないか」と同意してくれた。「安倍首相にも伝える」ということであった。私は、数時間後に、菅義偉官房長官に電話で、下村大臣との話の概要を伝えると、李登輝元総統招聘の話は、すでに菅官房長官に伝えられていた。「安倍総理に伝えますから、時間をくださ い」ということであった。

翌日、菅官房長官から電話があった。「安倍総理も是非お招きしたいと、言われていますので、この話、進めましょう」ということであった。

直ちに、下村大臣を中心に、超党派で、「李登輝先生の講演を実現する国会議員の会」が結成された。李登輝元総統には、最初、私が訪台して、事前に伝え、正式招聘は、安倍総理の弟の岸信夫国会議員が訪台し、李登輝元総統に伝えた。

ついに、同年7月22日、日本の衆議院第一議員会館で、李登輝元総統の講演が行われた。400人収容の会場は、国会議員300人以上、また、議員秘書などであふれ、なんと500名ほどが、李登輝元総統の講演を聴きに集まった。そのため、超大物議員ですら、周囲の壁に張り付くように立ったままで聞かざるを得なかったが、講演の最後まで、退出するものは居なかった。

このようなことは、前代未聞のことであったが、李登輝元総統は、「台湾パラダイムの変遷」と題し、日本語で講演。「台湾では、『独立した台湾人』という意識が確立した。われわれは、『ひとつの中国』に同意することは出来ない。『託古改制』ではなく、『脱古改新』でなければならない」と持論を滔々と語った。その迫力ある堂々たる風格の李登輝元総統の姿に、日本の国会議員は、ある者は圧倒され、また、ある者は、真の最高指導者とは、このような人だと感銘を深くした。李登輝元総統の、日本における国会議員に与えた強烈なインパクトは、想像を超えるものがあった。

その日の夕方、私は、再び、菅官房長官に電話を架け、この度の尽力のお礼とともに、今まで日本の歴代の総理が避けてきた、『現職』の総理大臣の、李登輝元総統との面談を要請した。「分かりました。とにかく、総理に」ということであったが、翌朝6時前に電話が架かってきた。菅官房長官からである。「安倍総理が、了解されました。きょう午前中に、李登輝元総統のお泊りになっているホテルの部屋に、総理が行かれるそうです」と話しつつ、「ただ、この件については、極秘ということで、お願いします」と菅官房長官は、付け加えた。

安倍総理の、李登輝元総統の面談は、その日、7月23日の午前中に予定通り、行われた。この面談について、マスコミの記者たちが、その事実を確認したが、安倍総理は、「その事実は知らない」と言い、李登輝元総統は、「ノーコメント」と応じていた。

このことについては、大田一博先生のこの書でも、さらに記述されているから、読者は、もっと深くこの経緯を知ることが出来るだろう。

それはともかく、なぜ、李登輝元総統への私の思いが、かくの如く強いのかと言えば、１９８６年、副総統からのお付き合いで、その長いお付き合いから、「李登輝」という人こそ、世界に誇る最高の指導者であり、崇高な人物であるとともに、また、超人的、哲人的、超絶的な人物であると確信するに至ったからである。私の、もっとも尊敬するひとりである。ちなみに、もうひとりは、私の仕えた松下幸之助である。

そのような30余年の李登輝元総統との交流は、また、稿を改めるが、その過程の中で、自然と大田一博先生から、さまざまなご指導を頂くようになった。それは、二つの川が、お互い気がつかないうちに合流し、大河となるように、大田一博先生との「友情の大河」は、極めて自然に、また、必然であったように思う。そして、私たちの「友情の大河」は、「李登輝」という共通の「憧憬」で、時の流れとともに、ますます清く、ますます混然一体、深い交わりとなっていった。

私は、大田先生ほど、純粋で、情熱的な人は、他に知らない。自分のことを見事に捨てて、台湾のこと、台湾同胞のこと、李登輝元総統のことを思い、さまざまなことに献身的に奉仕する。ときおり、電話を架けてくるが、その話しぶりは、あたかも、国士であり、義士であり、志士である。まさしく、日本の明治維新の坂本龍馬であり、西郷隆盛であり、勝海舟であり、後藤新平である。その自主独立の精神は、李登輝元総統に次ぐものであろう。日本の慶應義塾大学の創始者である福沢諭吉は、「自主独立の気概なき者は、国を思うこと深切ならず」という言葉を残しているが、大田一博先生は、まさに、自主独立の精神をもった高潔な「侍（さむらい）」といえると思っている。

そのような大田一博先生が、この度、『台湾人間國寶李登輝不為人知的訪日秘辛』という著作を上梓することを知った。今日までの「大田一博」からすれば、当然の著作であり、これ以上の喜びはない。李登輝元総統は、結局、9回、訪日している。日本の国会議員会館の講演だけでなく、その他の訪日についても、興味深い秘話が書かれている。多くの方々にぜひお読みいただきたいと願う。

また、歴代の駐日大使のなかでも群を抜いて、今日、多くの日本の政治家、識者、日本国民から高く評価されている謝長廷大使が、賛辞、推薦の言葉を書かれると聞く。大田一博先生が高潔な国士であることを思えば、至極当然のことだと思う。

盟友、大田一博先生のご高著出版を祝し、また、今後の更なるご活躍を祈るばかりである。

一般財団法人　東アジア情勢研究会
理事長　江口克彦（東アジア情勢研究会理事長・ＰＨＰ綜合研究所元社長・参議院元議員・「松下政経塾」の創立と経営二十二年・慶応大学経済学博士。）

推薦序

祝賀大田一博先生《李登輝訪日秘聞》出版

二〇〇四年十二月十七日，我結識一位親密友人。他是來自台灣、目前在大津市坂本與小兒科醫師的夫人攜手開設輝生醫院、正執業中的大田一博先生。我在大田先生的引導下，於二週後的除夕日，首次恭逢李登輝前總統，被他所煥發出來的壓倒性光芒所折服，此後的十五年間，我一頭栽入關懷李前總統及台灣的行列中。在此期間，與我長相左右的大田先生不絕如縷地導引著我。現知悉大田先生的新書完稿，特表敬意，衷心祝賀。

二〇〇四年除夕日，李登輝前總統基於對恩師柏祐賢，也就是家父的仰慕，專程造訪寒舍。這是李前總統卸任後的第二次訪日。

在恭逢李前總統之前，我對於台灣或李前總統都是極端無知的狀態。李前總統與家父睽違六十一年的重逢相會，同席的我，感受到兩者之間有著無以倫比的強韌繫絆關係介乎其中，至於是何種力量導致此種繫絆關係的形成，我心中不禁湧現一大疑問。我的主觀直覺，認爲就是西田哲學。

爲了確認我的想法，我開始涉獵李前總統的著作，並著手研讀西田哲學起源的京都學派哲學。

另一方面，作爲師生會牽線人的大田先生，似乎也在深思李登輝總統的豐功偉業何以致之。這與我的疑問剛好不謀而合，可以說我們的想法是殊途同歸。

李前總統是客家出身的華人。華人在中華思想的影響下，認爲自我民族就是世界中心而引以爲傲，其想法及觀念往往不動如山，以致於所背負的傳統重擔極爲沉重。李前總統尊師重道，仰慕認同家父的說法：「師徒就是師徒，歷經百年也是師徒。」也可以說是其中的一環吧！所以，對於改變傳統的改革，在中華思想的薰陶下決非易事。然而，既然明知難行，李前總統仍然在改革的道路上勇往邁進，這是因何緣故呢？

在大田先生爲了促進良好的台日關係而盡心竭力的背景裡，可以攫取出李登輝前總統豐功偉業的泉源所在：「日本精神」。這與李前總統和家父的繫絆關係有著西田哲學介乎其中的先前想法如出一轍。

所以，我在二〇一九年十月出版《李登輝の偉業と西田哲學》，如今大田一博先生的大作也完稿，實在值得慶賀。

然而，若將現在的台、日兩相對比的話，就如同李登輝前總統所言，的確，如今的台灣受到日本統治時代所浸透的「日本精神」的影響至深且鉅，但是我認爲，現在的日本，反倒成爲必須向台灣討教學習的狀態。

戰後的日本受到美國的影響，整個國家的態勢與戰前相比，幾乎一百八十度大轉變，戰前培育優質精神的土壤幾乎喪失殆盡了，例子實在不勝枚舉。

例如，看看現在日本的政治，權力變成利權取得的手段，要找出像李登輝前總統如此優秀、有人性的政治家，已經是鳳毛麟角了。社會集體失「心」，形成極端的「唯物」狀態，人們只關心掙金賺銀。日本如此的喪失心志，可以說與台灣成了鮮明的對比。從舉行總統大選的台灣，可以看到爲了抗拒中國大陸的霸權主義、持守民主主義，台灣人人的內心都燃燒著熊熊烈火般的熱情。

李登輝前總統青年時期學習了西田哲學，在戰後將傳統及革新Aufheben（止揚），成功使「生爲台灣人的悲哀」轉變爲「生爲台灣人的幸福」，爲台灣的民主化立基生根。

他對日本也是不停地關心注意，對日本人因失卻「心志」而讓「唯物論」在日本蔓延滋生的情形提出了警告。這不單是光爲了日本，也是針對台、日命運共同體而發出的肺腑之言。今後台日關係必須日益地緊密強化。爲此，大田一博先生的著書完稿是非常重要的事。

我對大田先生的壯舉，除了表示祝賀，也發誓今後務必與大田先生攜手合作，爲強化台日關係而努力。

恭逢李登輝前總統十五週年・二〇一九年除夕日

柏　久（李登輝前總統京大恩師的獨子・松柏庵研究所所長・酪農學園大學教授・前京都大學教授・京都大學農學博士）

大田一博先生の『李登輝訪日秘聞』を祝す

2004年12月17日、私は一人の親友を得た。台湾から来られて、大津市坂本に輝生病院を開き、小児科医である奥様とともに産婦人科医として活躍されている大田一博先生である。私は、大田先生に導かれて、2週間後の大晦日、李登輝元台湾総統と出会い、その圧倒的なオーラに打たれて、その後の15年間、李総統と台湾にのめり込んでいった。この間、私のそばには絶えず大田先生がおられ、私を導いて下さった。その大田先生が、『台灣人間國寶李登輝不為人的訪日秘聞』という書物の原稿を脱稿された。敬意を持って、心からお祝い申し上げる。

2004年大晦日に李登輝元総統がわが家を訪問されたのは、我が父柏祐賢を恩師と慕って下さっていたからである。退任後2度目の訪日に際して、李元総統は、母校京都大学を訪問、その際、我が父に会うため、わが家を訪問してくださった。

李登輝元総統と会うまで、私は台湾についても、李元総統についても、極めて無知な状態にあった。李元総統と我が父祐賢との61年ぶりの再会に同席した私には、ふたりの間にたぐい稀な強い絆があることを知った。そしてこの二人の強い絆が何によってもたらされているのか、という大きな疑問が湧き起こった。私は、直観的なものではあったが、それが西田哲学ではないかと思った。それを確かめるため、私は李元総統の著書を片っ端から読みはじめるとともに、西田哲学に始まる京都学派の哲学を勉強するようになった。

一方、大田先生は二人の再会に立ち会ったことで、李登輝総統の偉業が何によってもたらされたのかについて、深く考えられるようになったそうである。それは私の疑問と軌を一にするものだった、と言える。

李登輝元総統は客家の出であるが、祖先は華人であることに間違いない。華人では、中華思想の下、自民族が世界の中心にあるという自負・考え方が不動である。したがって伝統を極端に重んじる。李元総統が我が父を「100年経っても師弟は師弟」として慕ってくださったのも、その一環であるとも言える。だが伝統に対する変革は、中華思想にとっては決して好ましいものではない。にもかかわらず、李元総統は変革に邁進された。

それは何故だったのか？

大田先生は、良好な台日関係進展のために尽くされてきた活動を背景に、李登輝総統の偉業の泉源としてリップンチェンシン（日本精神）があると捉えられた。それは、私が李元総統と我が父の絆を西田哲学にあると捉えたのと軌を一にして合流した。そして私は、今年（２０１９年10月）『李登輝の偉業と西田哲学』を出版し、いまここに大田一博先生の『台灣人間國寶李登輝不為人的訪日秘聞』が完成した。まことに慶賀すべきことだと思う。

ところで、いま台日を対比的に見るとき、李登輝元総統の言われるように、確かにいまの台湾の状況に日本統治時代の日本精神の浸透が非常に大きな影響を与えているが、他方、いまや日本は台湾に学ばなければならない状態にあると思う。戦後の日本は、アメリカの影響もあり、国全体がその姿勢を戦前とは１８０度転換してしまい、戦前の優れた精神的な土壌を完全に忘れてしまっている。それを示す事例は枚挙に遑ない。

例えば、いまの日本の政治を見ていると、権力が利権獲得の手段と化しており、李登輝元総統のような優れた人間性の政治家を見出すことは難しい。そして社会は「こころ」を失い、きわめて即物的なものになって、人々は儲けることしか考えなくなってしまった。このこころの喪失は、台湾とは対照的だと言える。総統選を控える台湾では、大陸の覇権主義に対抗して、民主主義を守るため、人々が「こころ」を燃え上がらせている。

李登輝元総統は、若き日に西田哲学を学んだことによって、戦後、伝統と革新をアウフヘーベン（止揚）して、台湾に生まれた悲哀を喜びに変えるまでに民主化を根づかせた。そして日本にも絶えず目を配り、「こころ」を忘れて唯物論的考えが蔓延している日本に警告を発しつづけられた。それは単に日本のためにだけ行われたのではない。日本と台湾は運命共同体なのである。台日の関係は、今後もますます緊密化していかなければならない。そのためにも、大田一博先生の著書完成は非常に重要である。

私は、大田先生の快挙を祝するとともに、今後も大田先生と手を携えて台日の関係強化に努力していくことを誓う。

李登輝元総統との出会いから15年2019年大晦日に

元京都大学教授　現松柏庵研究所所長
柏　久（李登輝元総統の京大恩師の一人っ子・松柏庵研究所所長・酪農学園大学教授・京都大学名誉教授・京都大学農学博士）

自序

我在一九七八年十一月九日通過留學考試後，離開戒嚴時期的台灣，開啓了四十年一覺東洋夢的序幕，由於初離國門，想到縈懷腦際的不解之謎即將揭曉，難掩興奮之情。長年以來在學校被灌輸的是對日本的負面教育，然而，在家庭或父執輩們對日本充滿正面情懷及肯定氣氛的薰陶下，使我徘徊歧路而不得其解，今眼見爲憑，是爲了一探「究竟日本是怎麼樣的國家」，飄洋過海，是爲了掙脫白色恐怖的精神桎梏，因此，負笈東瀛、就讀學風自由的京都大學，成爲開啓我第二人生的首選之地。

隔年一九七九年台灣發生一連串的大事件，從台美斷交到美麗島事件、林宅血案等等天翻地覆的壞消息接踵而來，母國台灣一時風雨飄搖、人心惶惶，而浪跡天涯的海外遊子更是徬徨無著。但當時的日本媒體鮮少報導台灣，島內事件更少著墨，來自台灣免費供應的海外版《中央日報》，及自費訂閱的海外版《聯合報》，非但不能幫我瞭解事實眞相，反而治絲益棼，所以我又從香港訂閱《七十年代》雜誌及海外一些客觀中立的報章，總算多少塡補了我對自己祖國盤根錯節之政治生態的無知及不足。

一九八八年順利取得醫學博士學位，在京都大學十四年繁忙的研究生涯及吃力的勤務醫臨床工作，使我無暇也無力劍及履及地介入關懷台灣的具體行動。

一九九二年離開京都大學，選擇在酷似故鄉日月潭的京都近郊琵琶湖畔，與小兒科醫的內人（一九七九年台大醫科畢業）攜手開業。在自己的小天地裡，候診室中懸掛著一幅二公尺長，從衛星透視的台灣影像地圖，昭告病人這家醫院的主人來自台灣，也隨時自我提醒，毋忘出生之地。由於我在台灣所受到的黨國制式教育，與家庭教育或來自耆老們對於日本的評價大相逕庭，甚或兩極化。所以，我留日的初衷之一，就是爲了親自探討「究竟日本是怎麼樣的國家」，當此一課題找到了滿意的答案後，很快地，我就水乳交融般，與日本社會融爲一體。

二〇〇〇年，京大前輩的李前總統在卸任總統公職後，一心想重遊舊地，赴日訪問，由於當時台灣人赴日必須事先取得日方的簽證，方能成行，但日本政府基於政治因素，百般阻擾、拒發簽證，身爲在日台灣人，不免義憤塡膺，就以京大校友的名義發起「贊同李前總統訪問日本及母校京大」的連署運動，短短三個月內共有一萬五千多人包括八十八名京大教授響應，諾貝爾醫學獎得主本庶佑教授（時任醫學部部長）

更是率先簽署，日本媒體及輿論譁然，因而促成了李前總統卸任後首次訪日的臨門一腳。但，當連署運動的成果經媒體公布後的隔天，上任才剛滿一年的森喜朗總理竟然宣布下台，誠感意外並深覺遺憾。

二〇〇四年十二月三十一日，在我的穿梭安排下，排除萬難於除夕日大雪紛飛中，促成李前總統親訪臥病在床、九十八歲高齡的京大恩師，睽違一甲子的耄耄師生會，賺人眼淚。大年初二，又冒雪親臨日本大文豪司馬遼太郎的墳前獻花弔祭，透過電視的實況轉播擄獲了萬萬千千的日本人心，這位渾身洋溢著武士道俠義精神的「台灣の李登輝」，從此根深柢固地深植於日本人的心目中。

由於李前總統是台灣碩果僅存的國際級大人物，身分特殊，日本政府絲毫不敢懈怠，鞍前馬後都有日方國安人員滴水不漏地隨侍在側，但台、日沒有邦交，李前總統又是民間人士，台、日官方於行前或事後都不便介入，所以，一介開業醫的我，有時只好濫竽充數，充當雙方的溝通橋樑及現場動線的策劃者，過程往往迂迴曲折，而且飽嘗種種辛酸苦辣，有如寒天飲冰，冷暖自知。

事隔二十年，許多默默為促成李前總統訪問日本及母校京大，而殫精竭慮的無名英雄們，有的已經凋零、有的也垂垂老矣，我認為有必要將此迂迴曲折的過程公諸於世，一來讓國人明白，在無邦交國的外交工作是多麼艱困辛酸，所以，檯面下的「根回し」（私底下的溝通協商）[1]，往往是事情成敗的關鍵所在。二來也讓國人瞭解「德不孤、必有鄰」，即使在那艱難的時刻，仍然有許多日本的官民人士，或明或暗、義無反顧地及時挺身而出，爲了支持台灣而發出正義的怒吼。

二〇一九年十一月九日（扶桑漫步四十一週年記念日）

王輝生於日本琵琶湖畔

1 根回し：日文「根回し」的意思是，在將大樹移植之前，事先在其本根周圍做修剪的工夫，待長出細根後再加以移植，就可提高其存活率。它運用在日常的為人處事上，形成一種獨特的根回文化，凡事在進行之前，預先透過協商溝通、打好基礎後，再拍板定案的一種行事風格。

前言

一九七二年台、日斷交後，由於日本政府及其外交官僚墨守成規地自我設限，加上日本媒體囿於中國的巨大市場，一向視台灣如無物，鮮少報導台灣消息，導致許多日本人民對於台灣一知半解，甚至無知。將近二十八年的歲月，台日關係一直躑躅不前，有如一灘死水，台灣政府也一籌莫展，無計可施。

直到二〇〇〇年李前總統卸任後，才一步一腳印地走出僵局。他不但憑著個人的魅力，成功走入日本人民的內心世界，而且自然地透過他的行腳，將日本政府對待善鄰台灣的傲慢態度，赤裸裸地呈現在日本人民的眼前，更凸顯了這個世界最親日的國家：台灣，正處於被國際社會不公平待遇的尷尬窘境。

自二〇〇一年起到二〇一八年止，李前總統共九度蒞臨日本，每次訪日都蘊含著其長遠的戰略思考，藉由探訪日本哲學、文學的源泉之地，並不亢不卑，公平公正地看待日治時代有功於台灣社稷的功臣們，以還原歷史眞相，無形中喚醒了台日人民的共同記憶，也引起日本人民的共鳴，消除隔閡又拉近了彼此距離。

李前總統每次訪日，都觸痛了中國的敏感神經，做出種種非理性，也非民主國家所能想像的無禮反應，但這些一而再、再而三的蠻橫恫嚇，適得其反，促使日本人民從好奇、關心、認識，演變成同情、支持台灣，甚至激發起台日人民同仇敵愾的氣氛，反而爲台日命運共同體營造出有利的條件。

李前總統九度訪日，我幾乎無役不與，有時甚至直接參與其事，旅日四十餘年，親身體驗台日關係苦盡甘來的過程，這一段坎坷不平的台日交流滄桑史，應該與李登輝前總統在台灣歷史上的定位，等量齊觀地嚴肅看待。

幾千年來的中華道統文化歷史，只出了一個王安石敢於挑戰承襲古道遺風的「託古改制」[1]，嘗試跳脫「醬缸文化」的思想桎梏，雖使北宋迴光返照，但其改革新法在保守勢力的反彈之下，最終曇花一現而功虧一簣。然而，李前總統的「脫古改新」在台灣

1 王安石變法：北宋宰相王安石眼看宋朝積弱不振，朝野墨守成規、萎靡不振，乃以「天變不足畏，祖宗不足法，人言不足恤」為中心思想，提出變法改革。而孔子曾說過：「君子有三畏，畏天命、畏大人、畏聖人之言」，在尊孔崇儒的北宋時代，「子曰」甚至超越聖旨，王安石公然與孔聖大唱反調，在以司馬光為首的泥古不化集團反撲之下，變法改革終於胎死腹中。

不但成功完成「寧靜革命」，也奠定自由民主的根基。這在華人世界是空前創舉，也是絕無僅有的偉業。

但由於台灣實行自由民主體制，被改革者仍獲得保全，醬缸文化的餘味猶存，既得利益集團在權益受損之下，其反撲的力量，在不違法的範圍內受到法律保障，所以，反李雜音此起彼落、時有所聞，以致李前總統亮麗的豐功偉績，遺憾地在首蒙其利的台灣，沾惹上一點塵埃。反而無利害關係的第三者日本，伯樂識良馬，日本人民公允評價，推崇其名實相副的歷史高位，全亞洲最自傲的民族，不分上下老幼、不約而同地對這一位來自外國的老政治家，不吝給予他們熱烈的掌聲及支持，李前總統在其垂暮晚年，之所以在異國能得此史無前例的殊榮，其來有自，絕非偶然。

我在書中鉅細靡遺地透過李前總統的訪日行腳，將其殫精竭慮推銷台灣的苦心孤詣及其戰略思考的邏輯脈絡，平鋪直敍，希望能為未來的台日交流留下典範。

二〇一九年十二月十七日

王輝生　於日本琵琶湖畔

第一章
就醫之旅

一、發起連署運動的動機

人走茶涼是自然的規律，人未走茶已涼是世態炎涼，人已走而茶不涼才是爲政者也是爲人的最高境界。

在台日交流的歷史長河上，主其事者，往往在下台前或下台後，就被滾滾長江東逝水所淹沒而消失於無形，像李登輝前總統這樣在卸任公職後，反而有如夜明珠般在死寂濁流中閃爍發光而且彌老彌亮的人，堪稱空前，想必也是絕後的例子。

日治時代台灣就讀京都大學的人士不多，但都出類拔萃，如台灣第一位醫學博士・前台大醫學院院長杜聰明、駐日代表謝長廷等等，但個中佼佼者，則非李登輝前總統莫屬。所以在其任期中，我就偶爾寄呈一些母校的資訊供其玉覽。卸任公職後，李前總統一心想重遊舊地，其一九四三年京大農經學科的同窗會（大文字会）僅存的三十名同學也都翹首企盼（我曾逐一打過電話致意詢問），由於當年台灣人要來日本，得需簽證，然而，日本政府基於政治考量，再三阻擾一介老人的懷舊之旅，身爲在日台灣人，我感到奇恥大辱，詢問周遭的日本人士，也都深深不以爲然，所以我毅然決然發起「贊同李登輝前總統訪問日本及母校京大」的連署運動。

輝生院長道鑒：七月六日致

李總統函暨「京都大學の世紀」乙書，敬收轉呈，荷承　雅

意關注，特函申致謝忱。耑此奉復，並頌

時祺

總統秘書室　謹啟

八十六年七月八日

呈寄京大校刊《京都大學の世紀》稟報母校京大的近況。

輝生先生道鑒：二月八日致
總統函暨京都大學「教室百年史」、「台灣の悲劇」二書
，敬收轉呈。先生旅居海外，猶心繫鄉情，殊深感佩，
特函致意，併申謝忱，耑此奉復。敬頌
時祺

總統秘書室 謹啟
八十九年二月十五日

呈寄《京都大學教室百年史》及《台灣の悲劇》稟報母校的近況及日本學者對台灣的論述。

在行動之前，為了顧及京大的尊嚴及顏面，我先禮後兵冒著八月溽暑的豔陽天，與前輩添田世澤醫師共同前往京大拜會長尾眞總長（校長），但秘書看了連署說明函後，改由國際交流課的三谷桂子課長接見，未獲佳音，雖感失望，但也能體會其苦衷，而且我已經對母校禮數周全地盡了事前告知的責任，算是仁至義盡，從此可以勇往直前放手一搏了。

二、連署運動的過程

由於醫師的良心職業本能，個人意志較不易被政治因素所左右，所以連署運動一開始，我先從周遭的醫師友人著手，想不到得到熱烈迴響，給了我十足的信心，於是一鼓作氣，於二〇〇〇年八月二十六日發動日本全國性的連署運動，針對京都大學的師生校友，尤其是醫學部及農經學系的校友及全國各地方的醫師會，一人一信，共寄出一萬八千多份的信函，尋求共襄盛舉。為了提高呼群保義的效果，我首先尋找我的恩師，京大產婦人科森崇英教授（ＮＰＯ法人・生殖再生醫學アカデミア理事長），及京大醫學部部長兼醫學研究科長的本庶佑教授（二〇一八年諾貝爾醫學獎得主）率先簽名，以壯

李登輝先生の「母校ー京都大学訪問実現」応援運動

古い歴史と自由で民主的な校風を持つ京都大学は、ノーベル賞受賞者を多数輩出しており、その名声は世界的に知られています。しかし、京大から世界的な国家のリーダーが生まれた事実を知っている人は、少ないのではないでしょうか。

この「前無古人、後無来者」の京大で育った唯一の国家的リーダーとは、李登輝・前中華民国総統であります。敬虔なクリスチャンである彼は、京大と米国コーネル大学に学んだ優れた農業経済学者でもあります。

並はずれた読書量で知られ、MIT（マサチューセッツ工科大学）のレスター・サロ教授をはじめとする世界の有数の学者とよく意見交換をし、人生論や、文明論、経済政策などを官僚の作文を棒読みする事などなく、いつも自分の言葉で語ってきました。秀でた学識と独自の哲学を持った偉大な政治家で台湾民主化の父とまで呼ばれています。

大の親日家である李登輝先生は「飲水思源」と思い、京大開校百周年記念の際に、母校を訪問したいと希っていましたが、総統在職中は、諸般の事情により実現できませんでした。

今年の五月に李登輝先生は、総統の任期を終え、国民党主席も辞め、公職を退きました。

同じ京都大学で学んだ者として、李登輝先生は、我々にとって最高の誇りと思っております。今こそ、すばらしい先輩の一私人としての母校訪問が実現できますように皆様方のご賛同と暖かいご支援を心よりお願い申し上げます。

発起人代表
京都大学医学博士　輝生医院院長　大田一博　敬具

☆☆同封の返信用ハガキに賛否をご記入の上、返送して下さるようにお願い致します。

尚、お手数ですが、自力で頑張っている為、返信用切手のご負担をお願い致します。

發起聲援李前總統的連署運動時，針對京大師生及校友所發出的呼籲文。文末附記：「很抱歉，由於這是自力奮戰，所以回郵煩請自付郵資」。

聲勢，並為文公開呼籲旅日的台灣同鄉。

〈致旅日台灣同鄉的一封信〉

值此台灣面臨生死存亡之嚴肅時刻，我僅以誠摯之心寫這封信，希望能喚起你的關心和支持。

近年來，國際情勢不斷變動，不僅國與國之間的關係益形複雜，西邊強鄰對台灣的蠻橫壓迫，也到了惡形惡相且無所不用其極的地步。尤其五二〇政權更替之後，台灣何去何從，實已到了存亡關頭，也面臨決定性抉擇的時刻了。

台灣與日本比鄰而居，不僅深具歷史淵源，也有唇齒相依的關係。只是，常年來，日本在西邊強鄰的壓迫下，不僅沒有鄰居之情，甚至，時有近於落井下石之舉動，相信大家都感同身受。以目前的亞洲，甚至全世界來看，台灣可以說是對日本最友善的國家，可是，日本的回報，卻經常令人齒冷心寒。雖然，我個人對李登輝先生並無特別好惡，但眼看台灣民選的第一任總統，在任內可以自由到美國或其他國家過境及訪問，卻只有日本在西邊強鄰的恐嚇之下，一直拒絕其來日，感觸頗深。當柏林圍牆倒了，東歐民主化了，甚至，波羅的海三小國，也能在俄國長年的壓迫下脫繭而出爭取到自由與獨立。而台灣的生存權和尊嚴卻一再被有意或惡意地壓抑和漠視。尤其身為僅次於美國的民主強國—日本，依然畏懼於西邊強鄰的臉色。即使在李登輝先生卸任為平民後，勢利的英國都能接受其私人訪問，日本仍不敢讓其踏上國土，讓我們再次感到鄰居之寡情薄義，也深深體會到李先生對司馬遼太郎所提到的「身為台灣人的悲哀」這句話的沉痛與無奈。

台灣從無任何虧欠於日本，反而是日本政府一再踐踏了台灣人的尊嚴。日本可以對中國忍氣吞聲，對南、北韓低聲下氣，我們都給予應有的尊重，也不曾表示過任何不適當的意見。只是，當我們正努力於回饋及善盡國際責任卻遭遇不公平的待遇和困境，而急需國際的道義支持時，日本對它友善的鄰居，究竟又做了什麼？台灣人有台灣人的骨氣，我們並不求任何回報，我們只要求日本政府給予台灣最起碼的尊嚴：尊重台灣的生存權和其他國家相同、平等的對待，如此而已。類似以各種理由來拒絕一位已退休為平民且年齡已屆八十歲的老人，阻卻其在有生之年完成其重返母校之願，實有違日本傳統的「武士之義」，也有失「武士之情」了。

我居留日本已二十二年，深愛日本，而且一切都已逐漸順遂。但內心的寂寞，卻與日俱深，午夜夢迴時，常想到台灣過去種種，也深深體會到故鄉一草一木，都終將成為我們無法磨滅的共同記憶。台灣終究是我們今生唯一寄託的地方，我們都熱切希望台灣人能有尊嚴地站起來，而絕不願看到台灣在局勢的轉變中，再度淪為亞細亞的孤兒。

四百年來的台灣，已經歷盡滄桑，值此曙光漸現之際，我們絕不眼睜睜地看它再淪落風塵，也絕不容悲慘的歷史再重演。這是台灣人的宿命，也是我們無可避免的責任。如果這封信，能激起你內心的感受，希望我們能緊密地團結並結合起來，踴躍地參加「李登輝前總統訪日及母校京都大學訪問贊同運動」的連署壯舉，讓日本人看看台灣人的骨氣，而更重要的是，讓全世界的人都能清楚地看到，即令在風雨交加和暗無天日之際，台灣依然可以無愧於人且無畏於風雨而永遠屹立在太平洋上。

天佑台灣　謹祝安好

李登輝前總統之「訪日以及母校京都大學訪問」促進運動

發起人

京都大學醫學博士　輝生醫院院長

大田一博（王輝生）敬上

西元二〇〇〇年九月十一日

中秋前夕

當連署運動如火如荼進行時，驚動了總部在京都的「PHP綜合研究所」負責人江口克彥副社長邀我見面，由於江口先生長年擔任「日本經營之神」松下幸之助先生的特助，並於一九七九年奉其老闆之命創立「松下政經塾」，所以他在日本政、經界桃李滿天下，有幸蒙召，我當然欣然赴會，江口先生當場聯絡東京森喜朗總理的親信椎名素夫參議員。椎名參議員祖籍岩手縣，其外祖父就是一手擘劃並促成台灣現代化的最大推手，前台灣總督府民政長官後藤新平博士，其父椎名悅三郎是台日斷交時的外務大臣，當年奉命來台結束邦誼時，曾在台北被群情激憤的民眾丟過雞蛋，椎名參議員祖孫三代與台灣頗有淵源，他是學者出身，所以和李前總統相知相惜，是當年李前總統在日本私交最篤的日本政要，他本人也是日本有數的戰略專家及知美人士。在江口先生的穿梭安排下，我與前輩添田世澤（陳世澤）醫師同赴東京，拜會椎名參議員並報告連署運動的近況，懇談二小時、其要點有三：

1. 十月十二日到十八日中共朱鎔基總理將訪日，在他訪日期間，一切連署運動暫時在水面下進行，待其返國後再爆出，以期能一氣呵成。
2. 連署成果整理成冊後，一部親呈李前總統，另一部寄給椎名參議員，他會適時伺機轉呈森總理。
3. 將來李前總統的訪日，最好由日本私人社團提出訪日邀請函，據此申請，則日本政府將無從拒絕，否則將會引發內閣危機。

經過椎名參議員一番的「根回し」（私底下的溝通協調），一週後，椎名參議員與特地從台灣趕來的李前總統私人代表彭榮次（台灣輸送機器公司）董事長，專程連袂前來大津市的敝院訪問，我猜想他們遠道而來，無非是想摸清我的底細，查看我的背景有無政治力介入，順便想要告知我，其溝通妥協後的結論，以便往後的相互合作。剛好我的書房有上萬封待寄及收到的連署運動信函，堆積如山，兩位目光如炬的長者，眼見我只是一介單純的開業醫，孤孤單單地在做「唐吉軻德」式的工作，所以才釋懷並推心置腹地告知我附有四個條件的結論：

1. 李前總統不能進入京都或東京，因爲京都有太多的親李人士，人多嘴雜，恐難掌控，而東京是政治中心、更是敏感之地。但可以在京都近郊如琵琶湖等處活動。
2. 不許與日本政治家接觸，以免節外生枝。
3. 不能召開記者會。
4. 不要將連署運動的成果公布，因爲這樣會使日本政府顏面盡失，森總理不想讓人留下因被迫才答應李前總統訪日的刻板印象。

在此四條件下，李前總統將獲准擇期訪日。

由於連署運動響應者眾，署名的回函每天有如雪片般紛至沓來，醫業繁忙的我窮以應付，以時薪一五〇〇日幣的代價，請了五位京大留學生幫忙，短短兩個月，收到

二〇〇〇年九月攝於輝生醫院。（前左彭榮次，前右椎名素夫，後左添田世澤醫師，後右王輝生。）李前總統的代表彭榮次先生及日方代表椎名素夫參議員連袂前來大津市的敝院共商李前總統的訪日大計。

六四三八名，包括八十四名京大教授的署名聲援，整理成冊後，將此二個月的成果，用郵便寄呈給森喜朗總理及京大長尾總長，另外，在十月二十八日（星期六），內人看完門診後，代我前往台灣，將成果面呈李前總統，爲此，李前總統伉儷及彭榮次先生在鴻禧山莊久等到晚上八點多，他才以客家料理的私宴款待內人，據內人說，那天李前總統頗爲高興，剛由捷克訪問歸國，將在捷克所獲贈的名酒，幾乎一個人喝乾殆盡。二十九日內人返

二○○○年十月二十八日，李登輝總統伉儷在鴻禧山莊私宴王輝生夫人大田貴美子醫師，當天大田貴美子由日本攜帶簽名運動成果專程赴台上呈李前總統。

TAIWAN RESEARCH INSTITUTE
29FL., NO.27. SEC.2 JUNGJENG E.RD., DANSHUEI JEN, TAIPEI, 251 TAIWAN, R.O.C.
TEL:886-2-8809-5688　FAX:886-2-8809-5066

拝啓　初冬の候、ますますご清祥のこととお慶び申し上げます。

このたびはご丁重なお手紙、ありがとうございました。感謝至極に存じます。

さて、私の冠状動脈の拡張手術につきましては、多大な関心を寄せられ、また心こもるお見舞いをいただき、誠にありがたく厚く御礼申し上げます。

家内の文恵は一時はたいへん心配していた様子でしたが、幸い、手術は光藤先生の高妙な医術のお陰で、短時間の中に完成致しました。その後の経過も頗る順調で、この日曜日には教会に出ました。月曜日の今日は始めてオフィスに出て内外の賓客に会いました。好きなゴルフだけは、三週間遠慮するよう医者に勧められたので、その日が来るのが待ち遠しいくらいです。どうぞご安心下さい。

略儀ながら、書中をもって御礼申し上げます。

敬具

二〇〇〇年十一月二十一日

李登輝

大田貴美子　様

臺灣綜合研究院
台北縣251淡水鎮中正東路二段27號29樓

二〇〇〇年十一月二十一日，李登輝前總統緊急手術後來函報平安。

日的隔天，竟然驚聞李前總統因狹心症發作而緊急住院的壞消息，內人以爲是前天爲了她的夜宴所致，內疚頗深，所以在他出院後的十一月十五日致函慰問，十一月二十一日李前總統馬上親筆回函（原文日文），茲翻譯如下：

拜啟

初冬時節，益發清平祥和，可慶可賀。

此次收到誠懇有禮的信函，很是感激，感謝至極。

關於我的冠狀動脈擴張手術，承蒙至大的關心，而且溫馨誠摯的慰問，衷心表達高厚的謝意。

內人文惠在一時之間，似乎十分擔心，所幸託光藤先生高妙醫術的福，手術在短時間內就完成。

術後經過也很順利，昨天星期日也上過教會，今天星期一開始到辦公室上班並接見國內外賓客。

惟獨，我喜歡的高爾夫仍被醫師勸禁三週，我已經迫不及待地等待那一天的到來，所以，請安心。

以上簡單、聊借信函以表達謝意。

二〇〇〇年十一月二十一日

李登輝 敬具

致

大田貴美子 様

我個人則於二〇〇一年一月三日攜帶二大箱簽名的原稿，在同學江木庭醫師的陪同下前往鴻禧山莊，首次晉見李前總統，這位博學多聞的哲人總統，用台語連說「多謝、多謝」，我從其溫馨簡潔的語氣，炯炯有神的目光及氣宇軒昂的丰采中，終於瞭解，眼前這位龍行虎步、不怒而威的睿智長者，爲何會被那麼多的日本庶民及高傲的政客、學閥、財閥們所敬佩景仰，因爲，這種全身散發著武士道領袖魅力的哲人政治家，在戰後的日本已經是鳳毛麟角了。

由於日本人禮尚往來的習慣，在收到聲援的連署後必須答謝，所以我趁新年假期，

二〇〇一年一月三日，王輝生首次赴鴻禧山莊晉見李登輝前總統並獲贈大作數冊。
下圖右起依次是李前總統鴻禧山莊的鄰居，也是我的同學江木庭醫師及王輝生。

共發出了六千多份的「謹賀新年」賀卡，既答謝又賀年，一兼二顧，又忙了一個星期。

三、連署運動的結果

連署運動到二〇〇一年三月三十一日爲止，陸續共收到一萬五千一百三十三人連署響應（附有姓名、職業、地址及電話），包括八十八名京大教授及一一五二名醫師。日本人內斂自肅，一向不顯山、不露水，不輕易將自己的個資公開外洩，如今，爲了一位事不關己的外國老人，居然鼓起勇氣，拋姓露名地踴躍簽名，誠屬難能可貴，所以，我格外珍惜這分摯誠的情誼，謹守默契，不輕易公布，將之束之高閣，隱而不發。

二〇〇一年四月的日本春暖花開，正適合心血管疾病患者遠行治療，李前總統於四月十日向日本駐台單位、台北的「交流協會」，提出赴日就醫的簽證申請，但有如石沉大海，始終沒有得到答覆，因爲，當時日本政府內部正陷入發證與否的激烈爭執中，森喜朗總理謹守默契，傾向發證放行，但河野洋平外務大臣堅決反對，並不惜以辭職下台要脅森總理，以致形成僵局。河野大臣是自民黨中有名的親中傾中人士，有一次赴泰國開會，途中遭遇颱風，飛機迫降台灣，在漫長的等待中，台灣當局好意邀迎河野大臣下機休息，但被婉拒，當他抵達曼谷後，還引以爲傲地對同時與會的江澤民主席，示媚求寵地訴說此事（即使過境台灣也不踏上台灣土地），堂堂大國的外務大臣居然如此地作踐自己，日本的有識之士都深不以爲然且痛心疾首。

四、取得簽證的臨門一腳及森喜朗總理黯然下台

在簽證發放與否呈現膠著狀態時，針對媒體的詢問，福田康夫官房長官及河野大臣總是跳針般制式回答：「沒有收到正式的申請，沒有受理」云云，企圖搪塞敷衍，希望李登輝前總統能因循往例，再度體諒日本政府的苦衷而自動知難而退。

因此，我於四月十四日冒昧斗膽地致函上呈森總理（原文日文），信中我說：

我是「贊同李前總統訪問日本及母校京大」連署運動的發起人，我只是一位京大婦產科出身的一介鄉下開業醫，然而，在短時間內，就得到如此眾多日本國民、踴躍的響應連署，這完全是李前總統個人的人品博識廣獲肯定使然，身為京大的後輩也深深引以為榮。

李先生已屆高齡且有心臟病宿疾，退休後，一心想重返青春時代生活過的地方，重

溫舊夢，但，政府始終面有難色，去年李先生狹心症發作，所幸京大出身的醫師及時赴台協助手術，如今，為了術後檢查而申請赴日簽證，然而，政府迄今仍然擺出拒絕的姿態，茲將此一反映廣大國民支持熱意的連署成果，敬呈上獻，謹供「簽證發放與否」英斷前的卓參。

大田一博敬上

李前總統眼看森總理身陷窘境而躊躇不決，不想如往常般再度委曲求全，於是親上火線在四月十五日與彭榮次先生在台北舉行記者招待會，公開攤牌，指陳其赴日就醫的強烈意願，並對日本政府的優柔寡斷有所不滿。陳水扁總統也召見日本「交流協會」的山下新太郎台北事務所長，表達嚴重的抗議：「如果拒發簽證，台日關係勢必更進一步惡化。」呂秀蓮副總統更加碼指責：「日本政府爲富不仁、沒血沒淚，這是日本政府及人民的恥辱。」等等台灣島內批日的聲音不絕如縷。

日本也不遑多讓，原本對台灣鮮少著墨的日本媒體，一個多星期以來，一反常態，從電視的日夜討論到長篇累牘的報紙社論，接連不斷地爲台灣打氣，替李登輝把脈，以尋找解套良方，一面倒同情台灣的聲浪此起彼落，「李登輝頑張れ！（加油）」的聲音

記　者　会　見

（　共同通信社、朝日新聞、毎日新聞、読売新聞、産経新聞、京都新聞、KBS 京都テレビ　）

場所：京都大学記者クラブ
時間：2001 年月 4 月 16 日
午後 1 時 30 分

李登輝先生の日本及び母校京大訪問に関する署名運動

一、署名運動の動機

1、李登輝先生は京大で育った台湾民主化の父とも言われる国家的リーダーであり、京大の誇りであります。

2、かつて留学した米国のコーネル大学では、訪米を大歓迎されましたが、訪日及び母校訪問に関しても京大出身者は同様に暖かく迎えるのが当然です。

3、李先生は大親日家であり、愛日家でもあります。すでに 80 才近くの高齢で、現在はただの民間人にすぎません。政府の拒否姿勢は、民主国家としても、主権国家としても人権上、人道上、決して許されるものではありません。

以上の事を確認する意味で、署名運動を始めました。

二、経過

京大に迷惑をかけないように、郵便や FAX のみの方法で京大教官と卒業生及び各地医師会を対象に約 18,000 通の手紙を発送し、多くの賛同を得ました。

三、署名結果

1、2000 年 8 月 26 日から 12 月 31 日までの署名結果（13,131 人）

・確認できた京大出身者：359 人
（名誉教授及び現役教授 88 人、医師 200 人、その他 71 人）
・京大出身者かどうか確認できない方々：医師 952 人、その他 11，820 人
（京大出身者を含んでいる）

2、2001 年 1 月 1 日から 3 月 31 日まで、また 2000 名以上の署名を頂き、現在まだ整理しておりません。

以上の署名結果は、森総理と長尾京大総長、李登輝先生に郵送しました。

四、まとめ

1、短期間にこれ程多数の訪日賛成の署名が集まったことは李先生が京大出身者と、一般国民にそれだけ高く評価されていて、訪日と母校訪問が歓迎される何よりの証明であります。

2、大親日家と言われ、現在一民間人であり、しかも 78 才の老人の病気治療を目的とした訪日に政府が拒否を示す事は、人道上、人権上、民主国家にして主権国家の日本としては国際的に笑い物にされるのが必定と思います。

3、今回の李先生の訪日申請の件に関して、政府は一般国民の意見を全く無視しているように思われます。大勢の国民の熱意と支持を反映しているこの署名運動の成果を公にして政府の意思決定の参考にしていただきたいと思います。

出席者　発起人　輝生医院院長　京都大学医学博士　大田一博　医師
添田医院院長　京都大学医学博士　添田世沢　医師
輝生医院副院長　大田貴美子　医師
山崎　喬　社長

二〇〇一年四月十六日，在京都大學校園內的記者俱樂部召開記者招待會，將連署運動的成果公諸於世，十七日輿論譁然，十八日森喜朗總理黯然下台。

更是不絕於耳，這在幾十年來的台日交流史上，是絕無僅有的現象。

由於情勢混沌未明，我對於連署成果的公布與否，舉棋不定，曾徵詢過江口克彥社長的高見，雖然他好意建議我按兵不動以靜觀其變，但眼看有病在身的李前總統赤手空拳，都躬身上陣而奮戰不懈，手握武器的我，豈能袖手旁觀而置身事外。於是，馬上聯絡日本共同通信社的記者，告知我想公布連署運動的成果，該記者異常興奮，並熱情地建議我在京大校園內公布，最好是選在星期一早上九點，讓校方來個措手不及，但因我早上有門診，所以改在同日下午一點半，於京都大學校本部指標建築「時計台」內的記者俱樂部舉行記者招待會，將連署運動的成果正式公諸於世。

我將當時的記者會內容（原文日文），翻譯如下：

〈李登輝先生的日本及母校京大訪問贊同連署運動──記者招待會〉

報社：共同通信社、朝日新聞、每日新聞、讀賣新聞、產經新聞、京都新聞、KBS京都電視。

場所：京都大學記者俱樂部（京大校區內）

時間：二〇〇一年四月十六日

一、連署運動的動機

1. 李登輝先生是京大所培育出，有「台灣民主化之父」美譽的國家領導者，是京大引以爲傲的人物。

2. 曾留學美國康乃爾大學，而且於訪美時受到盛大的歡迎。所以，想當然耳，京大關係者及校友們也一樣會溫馨地熱烈歡迎李先生訪問日本及母校。

3. 李先生是一位大親日家，說是愛日家也不爲過，已年屆八十高齡、現在僅僅只是一位普通的民間人士，日本政府如果再一味地阻卻其訪日，則身爲民主、主權獨立的國家，無論在人權上或人道上來講都是絕對不會被原諒的。

爲了證實、確認上述的想法，乃發起連署運動。

二、經過

爲了避免對京大當局造成困擾，迴避政治勢力的介入，以不公開的方式，針對京大教授、京大畢業校友、及日本全國各地的醫師公會，用郵寄及傳眞的方法共寄出一萬八千多張的信函，引起絕大的迴響及贊同。

三、連署結果

1. 自二〇〇〇年八月二十六日起十二月三十一日止，共有一三一三一人簽名。身分能確認的京大出身者：三五九人（名譽教授及現任教授八十八人、醫師二〇〇人、其他七十一人）。無法確認是否京大出身者（包含京大出身者）：醫師九五二人、其他一一八二〇人。

2. 二〇〇一年一月一日起三月三十一日止，尚有二〇〇〇人以上署名（仍未及整理）。

以上的連署結果一一整理成冊後、直接郵寄給森總理、長尾京大總長及李登輝先生。

四、結語

1. 短期間內獲得如此眾多人士的熱烈支援，參與連署簽名，此事實說明了李先生在日本國民及京大關係者的心目中地位之崇隆，沒有比這個更能證明他們歡迎李先生訪問日本及母校之至誠了。

2. 李先生是眾所周知的大親日家，現在只是一位普通的民間人士、已經七十八歲高齡而且有病急需來日就醫，日本政府居然畏於外力一再拒絕，忝爲民主、主權獨立的國家，不論在人道上或人權上的觀點來看，都必定會成爲國際的笑柄。

3. 此次李先生訪日申請的處理過程，日本政府似乎對於民意有所懷疑，或有意無意地視而不見，所以決心將此反映多數國民熱情支持的署名成果公開化，以提醒政府，供其決策的參考，期能順應民意，從善如流。

出席者

*發起人　輝生醫院院長　京都大學醫學博士　大田一博　醫師

*添田醫院院長　京都大學醫學博士　添田世澤　醫師

*發言者　輝生醫院副院長　大田貴美子　醫師

隔天（四月十七日），日本輿論譁然，幾乎各大報都不約而同地刊載此事，促成了李前總統人道就醫之旅的臨門一腳。然而，次日的四月十八日，森喜朗總理以「與國民之間的信賴關係產生了巨大的隔閡」爲由，發表辭職下台的聲明，二十六日小泉純一郎上任，順利接班成爲日本第八十七代內閣總理大臣。

盡管中國外交部及駐日陳建大使強烈抗議，但終歸枉然，四月二十二日李前總統睽違十六年，終於在眾人淚光閃閃的歡呼聲中抵達大阪，並於二十四日在岡山倉敷中央醫院，接受我京大同期生光藤和明部長醫師的心血管擴張術治療。

五、收到李前總統的感謝函

術後順利，李前總統於四月二十六日返台，在三十日寄來一封簡短的謝函（原文日文），茲翻譯如下：

拝啓　新緑の候、いよいよご清祥にわたらせられ大慶の至りに存じ上げます。さてこの度、私は治療の旅を終えて四月二十六日に無事帰国しました。日本訪問中、一方ならぬご厚誼を辱うし誠に有り難く、厚く御礼申し上げます。今後とも相変わりませずご指導ご鞭撻と日華親善のためにご尽力下さるようお願い致します。

まずは略儀ながら書中をもって衷心より御礼申し上げます。

敬具

二〇〇一年四月三十日

李登輝

輝生医院

院長　大田一博　先生

二〇〇一年四月三十日，李前總統回台後來函報平安。

拜啓

新綠時節，越來越清平祥和，可慶可賀。

此次我的就醫治療之旅已經結束，於四月二十六日平安歸國，在日本訪問期間，承蒙格外關照，此深情厚誼，衷心感激，謹致謝意之忱，今後仍然殷切期盼，能持續不變地多加指導，多加鞭策，並為日華親善而盡心盡力。

以上簡筆，謹借片函表達衷心的謝意。

二〇〇一年四月三十日

李登輝 敬具

致

輝生醫院

院長 大田一博（王輝生）先生

拝啓　春暖の候、ますますご清祥のこととお慶び申し上げます。

五月十三日付けご鄭重なお手紙拝見致しました。この度の日本訪問は冠状動脈手術後の復検診を受けるためであり、当然なら問題にならない筈でしたが、外から無理無体な横槍が入ったため、大きな波紋を起こしてしまいました。

日本全国各界、マスコミが揃えて前例のない声援によって、ついに十六年ぶりに日本の土を踏みました。これは皆様のご声援のお陰であり誠に有り難く心より厚く御礼申し上げます。

殊に、大田先生ご夫妻は私のために「日本及び母校京大訪問」の署名運動を起こされ、三カ月間にわたって一五、〇〇〇人におよぶ京大出身者、教授、医師と其他から署名を集め、その結果を記者会見で発表したばかりでなく、森首相、長尾京大総長と私にお送りしました。このような大勢の國民の熱意と支援が反映されない筈はありません、大田先生からのお手紙を受けるたびに感謝して止みません。さらに投宿した大阪のホテルでは京都大学の多くの関係者、なつかしい顔や在校生の方々まで来て下さったことは、京大に一時期なりとも学んだ者として、これほど感無量になったことはありません。重ねて心より感謝致します。有り難うございました。

ますますのご健勝をお祈り申し上げます。

二〇〇一年五月二十三日

李登輝

輝生病院
大田一博様
大田𠮷美子様

二〇〇一年五月二十三日，李前總統特地惠寄道謝函。

五月二十三日又意外收到李前總統親筆的感謝函，原文是日文，茲將它翻譯如下：

拜啟

春暖時節　益發清平祥和　可慶可賀。

五月十三日的鄭重來函已經拜讀。此次的日本訪問，是為了冠狀動脈手術後的複檢，本是理所當然，應無問題的事，但，由於外力無理地介入，無休無止地橫柴入灶，以致引起大大的波紋。

日本全國各界及媒體都史無前例地匯聚聲援，終於睽違十六年，再度踏上日本土地，這完全是托各位聲援之福，有以致之，衷心表示誠摰的謝意。

特別是，大田（王輝生）先生夫婦，為了我發起「訪問日本及母校京大」的連署運動，短短三個月，集聚一萬五千多人以及京大出身者、教授、醫師及其他人士的簽名響應，而且，不但將此結果特地召開記者招待會將它公諸於世，更呈送森首相、長尾京大總長及我本人。

得到如此眾多日本國民的熱情支援，如果說還不能反映民意的話，那是騙人的。

當收到大田先生的來函時，我抑制不住內心的感謝。加上，在投宿大阪的飯店時，許多京大的關係者、令人懷念的舊顏及在校生的新知，都接踵來訪，作為在京大只是短時期的學習者而言，如此的感慨無量，從未有過。

再度表示內心的感激。非常感謝。

祈祝健康順利。

李登輝

二〇〇一年五月二十三日

致

輝生醫院

大田一博　様

大田貴美子　様

六、連署運動後的致謝

當事情告一段落之後，針對連署運動中的相關人員及八十八位簽名聲援的京大教授，我寄出致謝函，並對所有曾經幫助過我的人，發出一篇公開的衷心感謝文，其文如下：

〈對旅日台灣同鄉及日本人民　衷心和誠摯的感謝〉

李登輝先生終於踏上日本國土，在無數相機閃動和現場民眾的激動歡呼下，在電視機前台僑們熱淚盈眶的注視下，我們首次體驗到那種隱藏和壓抑許久的內心激盪，也深深感受到人性中那種超越國界且極為珍貴的自然關懷與扶持。

在整個努力的過程中，首先，我們衷心地感謝京都大學的校友們，包括現職及退休的八十八位教授，一千多位醫師及許多分布日本全國各地各行各業的其他科系出身者。由於他們對理想的堅持和不畏困難，使我們發起的連署運動得以引起媒體廣泛的迴響和支持。我們亦應感謝所有簽名支持的日本人，由於他們無畏、無私的熱忱，形成風潮，而促成李先生人道、人權就醫之旅。以日本人傾向於自制之個性及傳統，此次能夠挺身而出勇於表達和堅持自己的理想，多年來實甚為少見，這也顯現出了日本人令人彌足珍貴的一面。最後，我們更要感謝所有參與的旅日台灣同鄉。雖然在此之前，大家或已相知，或未曾相識，但在整個過程中，大家的熱忱和無怨無悔的相互協助，功不可沒。相信這期間的一切和點點滴滴，都將成為大家溫馨的共同回憶。

最近一年來國際客觀局勢的演變有日益複雜化的趨勢。尤其，美國已有逐漸將中共列為頭號對手的戰略性跡象。在此權力重組的過程中，我們可以看到未來日本的走向將扮演愈來愈重要的角色。台灣也到了應該決定自己前途定位的時候了。從李登輝兩國論開始，中共即文攻武嚇不斷，極盡威嚇及羞辱台灣。對日本，亦一副上國君臨天下之態，甚至蓄意惡形惡相，毫無大國應有的最起碼風度可言。李先生的赴日就醫過程，讓台灣、日本和全世界人民，看到了中共真實且可怕的非理性思考和情緒反應，也深慶台灣屹立於極權中共之外。

在陳水扁總統勝選，美國小布希總統就任及日本小泉首相脫穎而出後，已顯現出亞洲的局勢正進行迴異以往的變化。尤其，美中撞機事件，美日安保條約的加強及美對台軍售的轉變，已使台灣面臨了前所未有的挑戰。如何在此轉型時期，讓台灣能不畏驚濤駭浪，堅持向理想勇敢前進，實在是大家必須嚴肅面對及思考的課題。未來，中共和在台統派人士的裡應外合及興風作浪，勢必愈烈，台灣的處境也將不斷地遭受挑戰和困擾。環視全球，日本離台最近，此地台僑水平最高，成分最純，而眷念台灣，關懷故鄉亦最為殷切。如何凝聚在日台灣人的共識和力量，促進日、台之間的交流和傳統友誼的加強，可能是我們今後應該努力的方向。在大家努力促成李先生訪日時，素昧平生的美國台灣人協會（FAPA）陳會長亦曾來信鼓勵表示支持，讓人倍感溫馨。FAPA在融入美國社會後，多年來，不斷促進台、美交流，提升在美台人權益及多方協助台灣，其成就有目共睹，也令人讚佩。美、日同為世界民主大國，亦為台灣未來生存、發展不可或缺的支柱。為了台灣及在日台人的權益，也許，我們已應該嚴肅考慮是否應效法FAPA精神而無私投入大家心力的時候了。

在中共的導彈威嚇時，我們未及爆發內心被壓抑的憤怒；在九二一震災中，亦未能及時表現我們應有的同胞愛；就是在新政府成立一年來，針對中共與台灣統派無理且非理性的粗暴打壓，我們也僅急在心裡，未曾有具體的抗議行動。面對未來勢必遭遇的坎坷前途，我們已沒有沉默和悲觀的權力。儘管我們在人數上比美國少，但無可懷疑的，卻也是海外台人菁英中的菁英，尤其日、台僅一水之隔，除了血濃於水外，註定也禍福與共。台灣有台灣的自主命運及獨特歷史。台灣人從四百年前就受盡欺凌，飽嘗艱辛，在漫長的歲月中，不斷以血、汗來捍衛自己鄉土的生存和發展，由此所凝聚出的堅韌生命力，使台灣終能披荊斬棘一步一腳印地走出自己的道路。如今，正當光明即將到來，而黑暗逐漸離去的關鍵時刻，我們絕不能眼睜睜地見它再度淪落風塵，也絕不容悲慘的歷史再重演。這是生為台灣人的宿命。

這次的經驗，除了令人刻骨銘心之外，亦讓人感觸良深。猶記來日之初，戰戰兢兢、胼手胝足，如今，兒女已逐漸長大，生活亦逐漸穩定。儘管在日日久，融入當地日深，但，午夜夢迴時，在落寞中，故鄉的一草一木，卻仍依然不時浮現，也總希望能為自己的故鄉盡一點心力。相信大家都有相似的感受。

藉此短函，在抒發自己內心的感觸後，謹再次向大家表達誠摯的謝意。希望這段屬於大家的共同記憶，能為在日台人和台灣的未來，開創一個值得懷念的里程碑。在大家手牽手、心連心、相濡以沫的共同奮鬥下、相信上天亦能感受到我們衷心的祈求，讓台灣這塊「婆娑之洋，美麗之島」，能永遠美麗如昔，屹立不移。更讓亞細亞的孤兒—我們的故鄉、能永遠擺脫坎坷的命運，迎接美好的未來。

天佑台灣　謹祝安好

二〇〇一年九月九日

李登輝前總統之訪日及母校京大訪問聲援連署運動發起人

京都大學醫學博士　醫療法人輝生醫院院長　大田一博（王輝生）敬上

第二章

感性之旅——睽違一甲子的師生會

一、成立日本李登輝之友會

二〇〇一年李前總統歷經波折，才以就醫名義獲准訪日，而且被限制活動範圍僅止於醫院的所在地岡山，難免有委曲求全的遺珠之憾。

我深切地記取此次的教訓，知道民主國家民意之所在，才是政府決策的依歸。爲了往後李前總統能堂堂正正地重訪日本，替他老人家累積能量，實刻不容緩，單絲不成線、獨木不成林，所以我在二〇〇一年十月十四日，聚集旅日京大校友及台僑們，於京都大學的京大會館成立「日本李登輝之友會」，並對海內外公布成立宣言。

〈日本李登輝之友會成立宣言〉

一路極為艱辛地帶領大家揮別悲情，使台灣終能擺脫獨裁體制，走向自由、民主康莊大道的李前總統登輝先生，由於無法坐視台灣目前亂象，乃不顧其老病之軀，挺身再出，抒發自己內心的感受，想不到竟然一再遭受某些特定人士的群起圍攻。他那顆原本脆弱不堪的「心」，在納莉颱風來襲日，又遭部分其一手

大田一博先生大鑒：日前致
李先生「日本李登輝之友會成立宣言」乙份，業已轉呈。對
諸位之關心支持，殊深感銘，盼能共同為台灣未來發展努力
奮鬥。奉　示申致謝忱。並頌
時祺

李登輝先生辦公室　謹啟
九十年十月廿九日

二〇〇一年十月十四日，日本李登輝之友會於京都大學京大會館正式成立並發表宣言，李前總統特贈謝函以資鼓勵。

拉拔的部屬、門生等，趁著風雨交加之際，不惜以撤銷其黨籍及在媒體上大舉批李並加以各種羞辱，來掩護馬英九先生防災、救災的嚴重失職及轉移焦點。當我們看到李前總統拖著那顆瀕臨破碎的赤誠之「心」，為了固守我們熱愛的祖國、毅然重披戰袍，不惜親冒矢石、亂箭加身，即使在滿布地雷、流彈四射之中，依然縱橫南北、昂首闊步時，雖然我們身處海外，難道能視若無睹或置身事外嗎？他那種為台灣的未來及為維護其一手打造的民主、自由及反共保台的理想而義無反顧、鞠躬盡瘁的勇氣和毅力，正是台灣先民歷代相傳的精神，也是台灣人的希望。相信以他的睿智和濃厚堅定的台灣心、本土情，配合陳總統的年輕有為、勤政愛民，必能帶領大家走出一片天。

當少數特定族群控制媒體，長期迎合中共，並有意無意不斷扭曲或打壓本土化時，台灣亦不時可看到少數舊有特權階級，在兩岸穿梭不斷。在北京，他們卑躬屈膝，極盡阿諛之能事；在台北，卻又惡形惡相，以欽差大臣之勢，自認可將台灣人民視如無知賤民，玩弄於掌上。尤其，更透過幾位無恥台籍傀儡，讓此種鬧劇愈演愈烈。只要稍有反對，即以製造省籍衝突為由，全面打壓。事實上，從這幾年來所謂主流媒體的言論，我們已可清楚看出，這些少數族群所壟斷的媒體，正不斷利用台灣人民的忠厚老實，以選擇性的報導及加工式的民調，赤裸裸地顛倒是非，甚至挑起省籍矛盾。這些人對李前總統的撻伐，實已遠超過為人的常識和情理，而對馬英九先生的刻意遮羞，卻又欲蓋彌彰、醜態畢露。這不是省籍歧視，又是什麼？本土化和台灣已經是一個主權獨立的國家，這種說法，又錯在哪裡？台灣人民真的蠢如這些人所認為的那麼好騙和好欺負嗎？

當年底選戰日近，不甘失去舊有既得利益且對台灣人掌權而心存怨恨的少數特定人士，在媒體的配合及掩飾下，對李前總統的汙蔑和羞辱，勢必加劇。作為一個有情、有義的台灣人，也許，我們已到了應該和必須挺身表達自己心內意見的時候了。

親愛的旅日同鄉們！當我們看到這位令人尊敬的父執輩，正以其老病之軀，甚至術後尚需療養之體，在其來日無多的餘生中，依然在為我們心愛的故鄉孤軍奮戰不懈時，難道我們能無動於衷？尤其，在看到這位台灣碩果僅存的人間國寶，已屆八十高齡，正不斷地被有計劃且無理地圍剿和羞辱，赤裸裸地獨自承受著來自四面八方的炮火時，難道我們的內心不都是在泣血中帶著慚愧？親愛的同鄉們！現在已是我們應該勇敢站出來的時候了！在李老先生力挽狂瀾之際，不管前途如何險惡，我們絕對不能再沉默和袖手旁觀！我們應該堅定地站在一起！除了給予李前總統所有應有的、熱烈的溫馨關懷外，我們亦應盡己所能，提供各種有形、無形的支援，讓李前總統用血汗開拓出來的道路，將台灣的未來帶向坦途。親愛的同鄉們！讓我們在此歷史的轉捩過程中，心連心、手牽手、相濡以沫，奉獻應有的努力，聲援及捍衛大家所敬愛的李前總統再度為台灣的前途和台灣人的尊嚴，共同奮鬥吧！

天佑台灣、謹祝安好

二〇〇一年十月十四日

發起人代表　日本輝生醫院院長　大田一博（王輝生）

附註：一年後以日本人士為主的「日本李登輝友の会」成立，我也是發起人的理事之一，所以為了有所區隔，本會改名為「日本台僑李登輝之友會」。

二、積累能量、擴展人脈

台灣方面：

串聯台灣李登輝之友會（黃崑虎會長）及台北李登輝之友會（蔡焜燦會長），赴台參加李前總統智庫群策會的創立大會，並在台灣投稿替李前總統發聲。

〈聲援台灣人間國寶李登輝〉

一路艱辛帶領台灣擺脱專制獨裁體制，完成中華世界五千年來首次和平民主政權轉移的前總統李登輝先生，只因看不慣近來政客們私利薰心，翻雲覆雨，搞得政局紛亂及內憂外患，乃不顧老病之軀，挺身再出，抒發自己內心的感受，竟然遭受到某些特定人士的群起圍攻、謾罵及羞辱，其無所不用其極的態勢，令人心驚肉跳。對付一位已退休的前國家元首，女的用詞之尖酸刻薄，有如潑婦罵街；男的則動作粗野、蠻横，甚至血濺會場彷如恐怖分子。這與他（她）們在談及中共或江澤民先生時那種畢恭畢敬的嘴臉，實令人有時空倒錯、昨是今非的感慨。

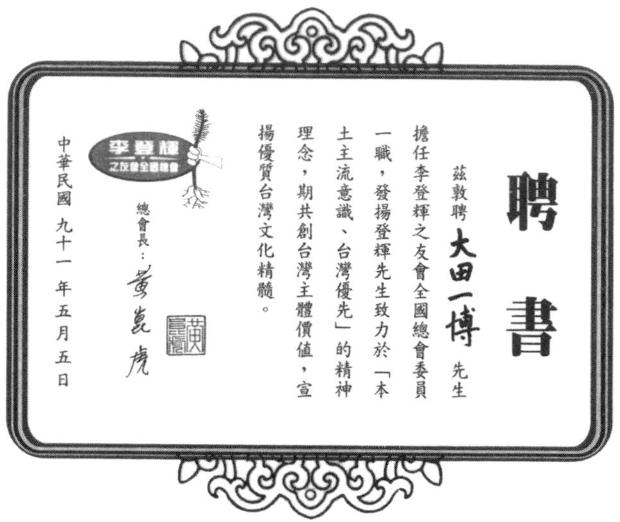

聘書

茲敦聘 大田一博 先生

擔任李登輝之友會全國總會委員一職，發揚登輝先生致力於「本土主流意識、台灣優先」的精神理念，期共創台灣主體價值，宣揚優質台灣文化精髓。

總會長：黃崑虎

中華民國 九十一 年 五 月 五 日

榮蒙台灣李登輝之友會黃崑虎總會長聘為「李登輝之友會」全國總會委員。

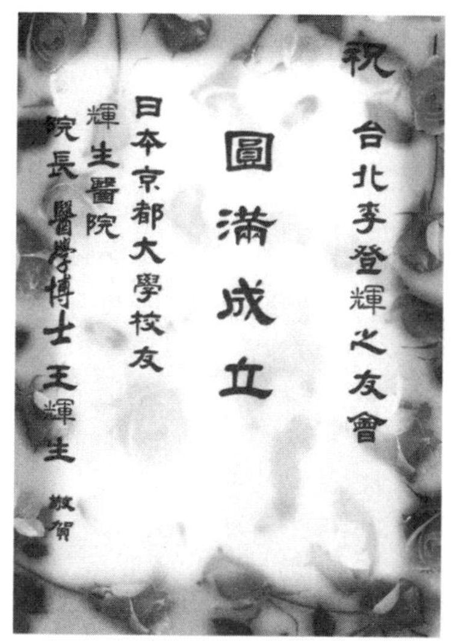

串連二〇〇一年十月二十二日成立的台北李登輝之友會。

我只是在異鄉的一位開業醫，兢兢業業、安分守法多年。雖然心懷台灣，但與李前總統非親非故，亦無個人好惡。只是看到他老先生面對著各種非人性羞辱，不禁興起一陣迷惘。難道李先生真的是一無是處或一無可取嗎？難道是已享受自由、民主的台灣人民記憶已失或鳥盡弓藏？抑或只是少數特定族群中的少數特定人士配合媒體在炒作及興風作浪而已？為此，我有一事實如鯁在喉，實有告知國人之必要。

我對政治一向並不熱衷，一生未加入任何政黨。在九二一震災突然發生時，當像我一樣的台僑、甚至日本人，都在熱烈捐輸時，卻看到中共無情的阻擾，我淚流滿面地守著電視機前，卻看到來自台灣的特定人士，參加中共十一國慶時那種興高采烈的畫面，心中雖然憤怒，卻仍壓抑，直到李前總統卸任後，希望在其有生之年，重睹母校時，卻遭受中共無理謾罵及恐嚇，日本政府亦懼於中共的霸道而畏縮時，我內心積壓的憤怒才一洩而出。

為了驗證日本政府對李前總統的政策是否悖離日本民意，在去年八月二十六日，我以京都大學校友的身分，在日本發起「贊同李登輝訪問母校京大及日本」的連署運動。為了讓事情單純化，撇開政治的糾葛、迴避政治勢力的介入，乃以一己之力獨資用私函方式，針對京大教授及分布日本各地的數十萬畢業校友為對象，共發出一萬八千多張信函，出乎意料，北起北海道、南至沖繩，獲得絕大迴響，每天連署及激勵打氣的信函自四面八方大量湧進，短短四個月，共有一萬五千多人連署簽名，包括八十八名京大教授、一千多名醫師及許多各行各業分布日本全國各地的其他科系出身者。由於他們無畏、無私的熱忱，在今年日本國內外的激烈爭執過程中，成為促成李先生的人道、人權就醫之旅的臨門一腳。以日本人傾向於自制內斂的個性及傳統，此次為了一位已退休的「外國老人」，竟能不約而同地挺身而出，義無反顧地表達和堅持自己的理想，可說是史無前例。這也顯現出日本人民彌足珍貴的一面。尤其，在決定性的時刻，中共所表現出的極度蠻橫和日本政府的瞻前顧後，使這些日本社會菁英中的菁英（日本七位諾貝爾得獎者有五位是京都大學出身者）帶動了洶湧的民意，這是中共和日本政府所始料未及。數日之中，支援李先生的聲浪不絕於電視，各大報不分左右，也日以繼夜一再報導台灣的歷史背景和現況。「李登輝熱」不僅席捲東瀛，也引發了巨浪。放眼當今世界檯面上的人物，相信甚少出其右者。李先生可以說是台灣碩果僅存的「人間國寶」，可預見的，也將是「後無來者」。

最近一年來，國際客觀局勢的演變，有日益複雜化的趨勢，尤其，美國已有逐漸將中共列為頭號對手的戰略性跡象，在此權力重組的過程中，我們可以看到未來日本的走向，將扮演愈來愈重要的角色，台灣也面臨了何去何從的關鍵時刻。從李先生兩國論開始，中共即文攻武嚇不斷，極盡威嚇及羞辱台灣之能事。對日本亦一副上國君臨天下之態，甚至蓄意惡形惡相，毫無大國應有的最起碼風度可言。李先生的赴日就醫過程，讓台灣、日本和全世界人民，看到了中共真實且可怕的非理性思考和情緒反應。我們也深慶台灣是屹立於極權中共之外。

在陳水扁總統勝選、美國布希總統就任及日本小泉首相的脫穎而出後，已顯現亞洲的局勢正進行迥異以往的變化。尤其是美中撞機事件，美國本土遭受恐怖分子突襲、全球戰雲密布、美日安保條約的加強及美對台軍售的轉變等等，已使台灣面臨決定性的關鍵時刻。數十年來的融合相處，基層的省籍隔閡已逐漸消失，只是極少的外省舊有既得利益者，卻愈發惡形惡相，極盡挑撥省籍衝突之能事，爭先恐後地往北京朝聖，絡繹於途，事事以迎合中共和恐嚇自己同胞為樂。近日來的電視和媒體，幾乎隨處可見，已到令人作嘔的程度。這些昔日的當權者，拿著喪權辱國的台胞證穿梭在北京打躬作揖，卑躬屈膝，卻又在台北甚或立法院耀武揚威，趾高氣揚，世間之無恥，莫此為甚。

在寫此文時，正值納莉颱風重創台灣之際，台北市遭遇的災難，史無可比，電視畫面上的慘狀令人鼻酸，但是，這些人和媒體有沒有批評過馬英九市長呢？看到的只是對陳水扁總統的謾罵，對呂秀蓮副總統的揶揄，甚至有媒體諷刺是因陳總統的名字有問題的緣故。當馬市長拒繳健保費，卻花費鉅款將全市尚好的人行道紅磚全面翻修時，這些人有沒有吭聲？當馬市長衣冠楚楚跨越濁水溪到處作秀時，有沒有人針對捷運的多次出錯，睜眼細看？當財政因難，北市府的高官仍用公費赴中國朝聖時，這些人又說了些什麼？如果，我說台北市的此次災難是因馬英九（淹久）的緣故，相信這些人和媒體必將群起而攻之。這就是活生生的省籍歧視，不管掩飾得如何精緻，也蓋不住這些少數人深沉仇恨的心態，想之令人心寒。

最近，這些少數特定人士利用媒體對李前總統的羞辱，有窮凶惡極的趨勢，我實在想不出全世界還會有哪個國家，會如此對待已卸任的民選元首？二千三百萬親愛的台灣同胞們，請告訴我，有哪些台灣的人能如此譽滿海內外，且歷久不衰，愈老愈彌堅的呢？不管你贊成或不贊成李前總統的理想或作為，他以老病之軀，在滿布地雷、流彈四射之中，依然抬頭挺胸，南北奔波。以其來日無多的餘生，為自己的理想，鞠躬盡瘁。此種浪漫、堅毅的精神，比起那些言行不一、見風轉舵，甚至隨時可睜眼說瞎話的人，真有天壤之別。李登輝先生真的如那些少數特定人士和媒體所說的罪大惡極且一無是處嗎？不，絕對不是。李先生的勇氣、毅力和對自身理想的堅持，正是台灣四百年來得以屹立於風雨之中，不斷往前邁進的精神所在。願天佑台灣，讓此種精神與天地並存、永垂不朽。

「贊同李登輝前總統訪問母校京大及日本」聲援簽名連署運動發起人

大田一博（王輝生）敬上　二〇〇一年九月二十一日

日本方面：

邀請台灣知名人士前來京都或京大會館演講，如呂秀蓮副總統、高俊明牧師、張炎憲國史館長、蘇正平新聞局長、陳隆志教授、邱垂亮教授的台日關係促進團等，以宣揚李前總統的理念並凝聚僑心。

美國方面：

二〇〇三年十一月十二日美國北美洲台灣人醫師會一行四十人與日本李友會的醫師們共同在大津市敝所舉行「日本—美國台灣人醫師交流懇談會」，並公開發表聯合聲明。陳水扁總統應物如響，於十一月二十日寄來長函，鼓勵有加。

由於京都是李前總統大學時期知識啓蒙的源興之地，所以對京都有特殊的情感，有如娘家般親近，京都人也視李如親，政治人物更是趨之若鶩，只是，始終無緣親炙謦欬，我深知李前總統念茲在茲台灣的正名，所以，我費了一年的工夫，終於說服了京都府及京都市，將「京都府議會日華親善議員懇話會」其中的「日華」改名爲「日台」，「京都市議會日華親善議員連盟」其中的「日華」也改爲「日台」，以免混淆。爲此我與許世楷駐日代表都修書向京都府議會的田坂議長及京都市議會的田中議長致謝，並安排他們赴台晉見李前總統，在李前總統的加持後，其中的西田京都府議員還更上一層樓，當選參議員迄今。

一方面我也鼓勵「京大學生新聞會」赴台向李前總統專訪，該會以〈（李登輝）超越唯心、唯物境地、以致於神的思想遍歷〉的斗大標題，用兩大版在二〇〇一年三月二十日，專文報導這位京大出身的唯一國家元首，作爲勉勵京大新生入學的特別賀禮。

台北駐日經濟文化代表處

Taipei Economic & Cultural Representative Office in Japan

拝啓 仲秋の候、ますますご清祥のこととお喜び申し上げます。

さて、過般は「京都市会日台親善議員連盟」ご改称の件に際しまして、多大なる尽力を賜り、誠にありがとう存じます。これも偏に先生のお力添えの賜物と、衷心より深甚なる感謝を申し上げます。

当處と致しましても、引き続き日台友好関係促進のため鋭意努力を重ねる所存でございます。

今後もなお一層のご支援、ご厚誼を賜りますよう宜しくお願いいたします。

時節柄くれぐれもご自愛されますよう、益々のご健勝とご活躍をお祈り申し上げます。

まずは略儀ながら書面にてお礼申し上げます。

敬具

二〇〇四年十月吉日

台湾駐日代表

許世楷

京都市会議長

田中セツ子 殿

台北駐日經濟文化代表處 〒108-0071 東京都港区白金台5-20-2 Tel: (81)3-3280-7851 Fax: (81)3-3280-7936

5-20-2 Shirokanedai, Minato-ku, Tokyo JAPAN 108-0071 Email: rocrep@www.roc-taiwan.or.jp

正名成功駐日代表許世楷致函京都市議會田中セツ子議長致謝。

NUMBER 485 MARCH 20, 2001

THE COMMUNITY AND OPINION PAPER OF KYOTO UNIV.

2001 3.20

京大学生新聞

大学公認団体 京大学生新聞会

REPORTS
2面 2435人に春の訪れ
3面 Emeritus通信 中 久郎 本学名誉教授

FEATURES
5面 京大スポーツ大賞
6・7面 台湾特集

CULTURE
10面 あるピアン力説へ歌へ(Ⅳ) 中嶋千尋 本学名誉教授
12面 書評「小説家を見つけたら」

新入生歓迎 特別インタビュー

李登輝氏（昭和17年農学部入学）

「神」に至る思想遍歴

唯心・唯物超えた境地へ

「対外的な否定によって自我を否定することで、逆にすべてが肯定できる」と信念を語る李登輝氏

社会的正義に関心もつ

――どのような家庭で育たれたのでしょうか

精神と物質両面が必要

――どのような大学時代を過ごされましたか

禅を通じ「生」の意味を探索

――自我の問題にどのように対処したのですか

今回のインタビューが行われた台湾総合研究院

4面に続く

京都大學學生新聞社，大篇幅專訪李前總統作為京大新生入學的特別賀禮。

三、稟告李前總統，恩師臥病在床

我看內外條件已臻成熟，亦知心血管疾病的患者不宜赴嚴寒地區旅遊，但二〇〇四年十二月初，據京大友人說，李前總統的恩師，九十八歲高齡的柏祐賢教授因老邁而臥病在床，而且情況不妙云云。我不得不致函上呈此事，原本期待他老人家於明年春暖花開時節再度訪日，想不到李前總統決定於年末來訪，所以，我連忙在十二月十七日毛遂自薦地致電柏宅，告知李前總統想登府拜會恩師之意，由於事起倉促，接電話的獨子柏久京大農學部助教授大吃一驚，待與其父商量後，始同意我於隔

二〇〇四年十二月十八日，我首度拜訪李前總統恩師柏祐賢教授賢伉儷。

二〇〇四年十二月十九日再訪柏祐賢教授接受墨寶。

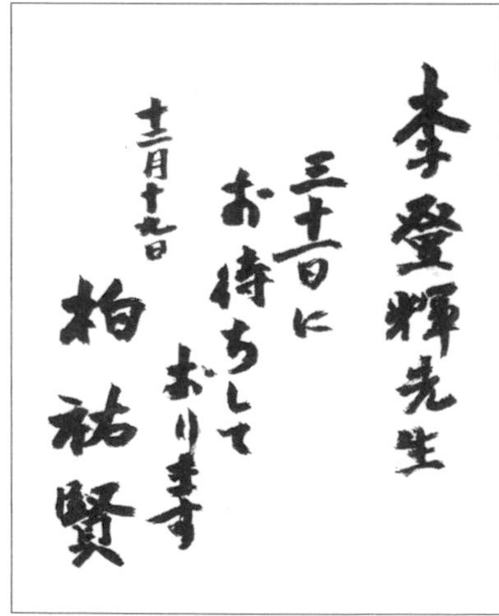

師徒會前，柏祐賢教授滿懷期待地親筆揮毫「李登輝先生十二月三十一日我在家等您」要求我轉呈李前總統，師徒情深、溢於言表。

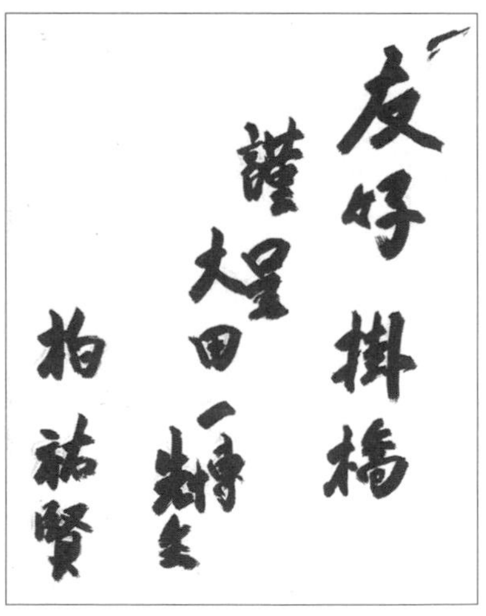

柏祐賢教授贈送給我的墨寶。

天拜訪。十八日我前往京都柏宅，首度拜見柏教授伉儷（柏夫人九十三歲）及獨子柏久夫婦，相談甚歡，柏老更要親自揮毫致贈墨寶給李前總統及我，要我隔天去取。從此，開啓了柏家與台灣的不解之緣，而同爲獨子的我，與柏久教授也因此結成了莫逆之交。

十二月二十日我急忙用傳眞上呈李前總統，報告此事：

敬愛的李總統：

九十八歲高齡的柏老先生（夫人九十三歲）及長男（京大農學部助教授）同住，柏老先生自京大退休後、創立京都產業大學，歷任該校理事長多年，著作等身，學養俱優，桃李滿天下，惟，故舊門生多已凋零，加上經濟環境似乎不太優渥（其客廳只有三平方公尺，可容納六到七人），如今老病纏身，窮居陋巷，更是乏人問津，惟，對李前總統思念之情溢於言表，曾鄭重叮嚀其獨子：「由於生前無能幫助李總統訪日，如果往生後，務必將其葬禮的參加邀請書恭寄李總統，希望對訪日申請簽證時有所助益。」昨天聽了，感動得熱淚盈眶。若李總統果真能親訪臥病中的恩師，相信是戰後日本杏壇、甚至政壇，最溫馨、最感人的Big news，將永遠留給日本人民的印象是：「頤指氣使、蠻橫霸道的中國領導者對照尊師重道、義理人情的台灣領導者。」

謹祝　成功順利

二〇〇四年十二月二十日
大田一博（王輝生）敬具

四、訪問京都前的準備

日本政府始終對於李前總統的訪日有所顧忌，尤其對於訪問東京及京都更是深懷戒心，所以，李前總統此次的來日，刻意聲東擊西，先由東部的名古屋入境，再遶道金澤泡溫泉、沐浴淨身，然後拜訪李前總統的哲學啓蒙老師西田幾多郎紀念館，親往這位日本哲學之父的墓前獻花致意，最後才西進到眞正的目的地京都去訪師、弔友，李前總統這種顧全大局又尊師重道的深謀遠慮，令日本的有識之士頗爲折服。

由於此次李前總統的訪日，事出倉促，而且，台日無邦交，台灣駐日單位及日本官方都無法公然介入，況且當時年關將近，日本的各行各業都忙於迎接新年，我幾乎成爲台日雙方和日本官民之間的溝通橋樑，日本外務省中國課或對台窗口的「交流協會」及JR新幹線的人都來過電話致意，並留下聯絡管道。

同時，我又是柏宅訪問動線的策劃者兼擬「闖入」（日本官方不贊成）京大時的帶路者。我當時醫業繁忙，又濫竽充數地臨擔重責，既要為來自台灣的記者群尋找住宿，因為三十一日除夕夜李前總統住在東海道新幹線的別莊，孤零零坐落於琵琶湖北岸，周圍無住家，離最近的長濱市也有二十幾公里，又要為他們在小巷中的柏宅附近覓尋停車位。而負責元首級維安任務的京都府警特勤人員，更專程前來敝院，給我行程表，誠懇嚴肅地要求我協助一籮筐的任務，依照李前總統所擬行經的路線，帶著我實際駕駛操練二次，並要求及早提供三十一日中午李前總統所宴請的賓客名單。由於老先生難得造訪京都，舊雨新知，想晉見的人士多如過江之鯽，我也推薦在連署運動時率先響應的三位京大教授，主要是我的恩師婦產科森崇英教授及京大醫學部長本庶佑教授（二〇一八年獲得諾貝爾醫學獎），可惜僧多粥少，最後在李前總統的欽定下，共有四位京大教授及一位夫人、江口克彥社長及我共七人榮蒙賜宴，共進午餐。

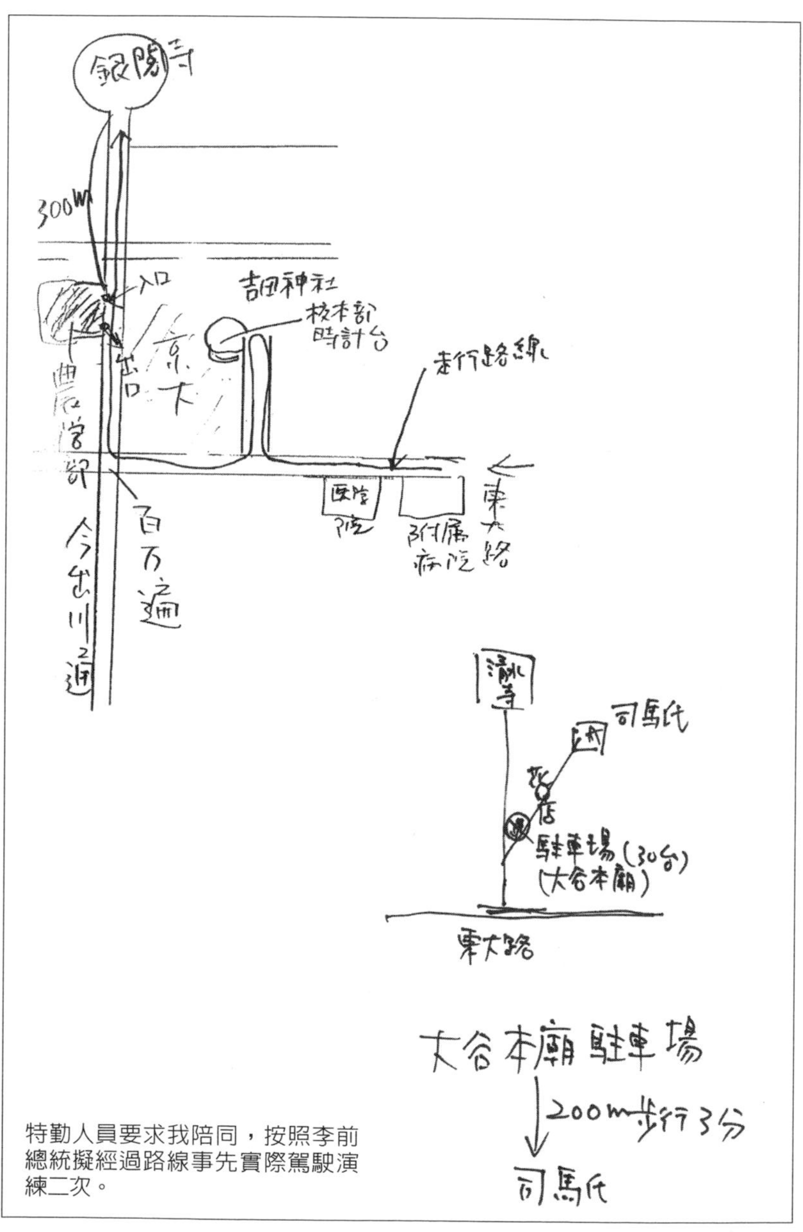

特勤人員要求我陪同，按照李前總統擬經過路線事先實際駕駛演練二次。

五、進入京大與否的攻防

當時日本政府及台日媒體所矚目的焦點，都集中在李前總統會否進入京大校園，於是展開了一場諜對諜的猜謎攻防戰。

首先，我於十二月十七日致函京大尾池和夫總長，告知京大之光的李前總統即將訪京之事，並邀請尾池總長參加三十一日的午宴，但一如往例，杳無回音。

而中國駐大阪總領事也迫不及待，於十二月二十二日親赴京大總長室施壓、警告「不要讓李登輝進入京大」，據特勤維安人員向我透露，中方官員也曾赴京都府及京都市警察本部作同樣的警告。

我則在京大柏久助教授陪同下，忙著赴京大探勘農學部地形、丈量距離、實測步行所要的時間等等技術上的問題，提供李前總統作為是否進入京大的卓參。

按照規定，警察不得進入大學校區，警方及日本政府都持反對意見，但我得到彭先生的指示是，李前總統想進去農學部重溫舊夢，安排我當天與李前總統伉儷同乘一部車，權充嚮導。所以，我必須未雨綢繆預先籌畫，因不遠處的「光華寮」住有四百多名的中國留學生，為防他們滋生事端，我拜託台灣留京學生會張博文會長（京大理學部博士班），於

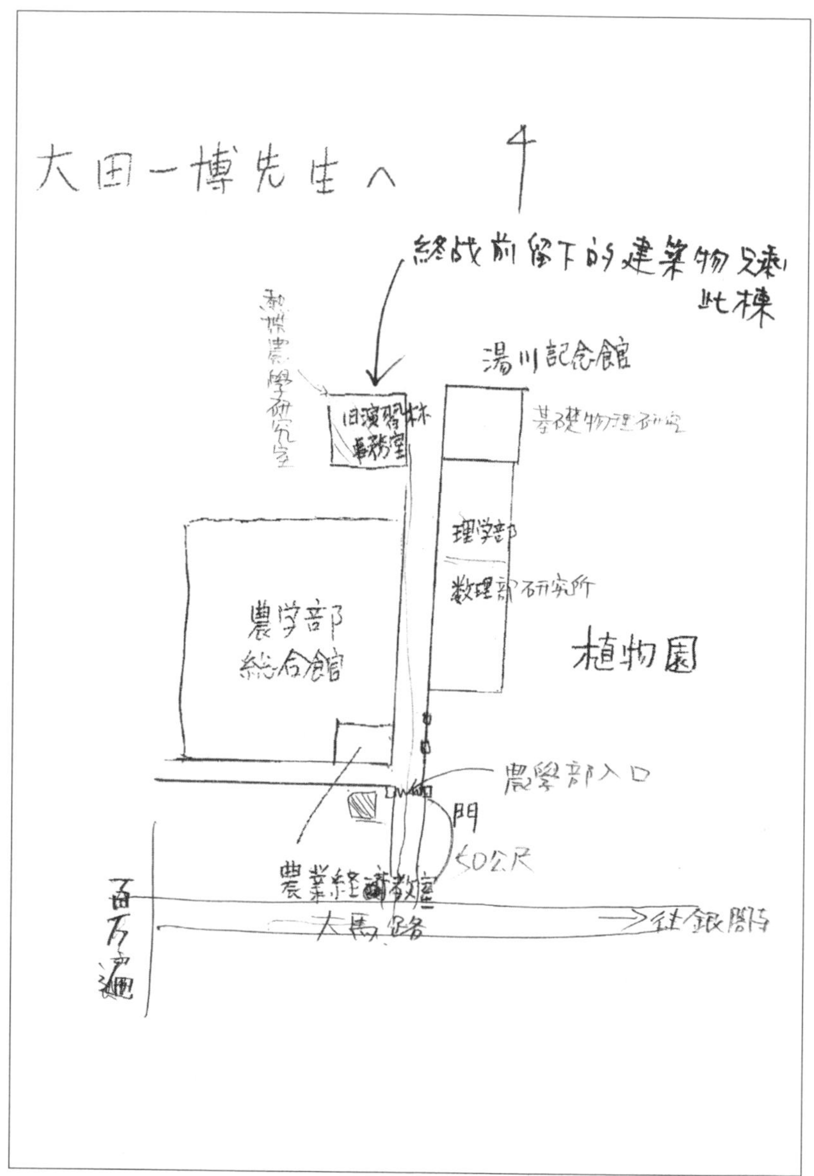

與柏久教授前往京大農學部丈量距離並計測步行所需時間。

三十一日早上九點起，留守在京大農學部入口，觀看中國留學生的動向並隨時向我通報。

京大當局也如臨大敵，尾池總長除了在三十日召開緊急幹部會議，擬定對策外，並指派經濟學部的堀和生教授於當天晚上前來敝院一探究竟，不料，當晚九十一歲高齡的家父，胃潰瘍大吐血，我因忙於急救，疏於招待，堀教授簡短地告知我由京大總長召開的緊急會議內容：

1. 總長不方便出面接待李前總統。
2. 不開放場所供座談會或演講使用。
3. 副總長或以下的教授以私人名義接待參觀訪問則不反對，至於進入校園內照相等等更是沒有問題。

直到晚上十一點，我接到彭榮次先生「決定不進入京大」的最後指令後，堀教授才釋然返家。

十二月三十一日早上，李前總統一行要搭乘新幹線，將於上午九點三十四分抵達京都車站。我徹夜未眠地照料家父，待病情穩定後，交棒給內科醫的內人繼續照護，然後匆匆忙忙地趕往京都車站，與江口克彥先生在冷颯颯的月台恭候。一行抵達京都車站後，在熱情民眾的歡迎聲中迅速離開，按既定路線，在京大校本部大門前的馬路繞了一圈，當抵

二〇〇四年十二月三十一日在新幹線京都車站恭迎李前總統。

達農學部入口處時，在大雪紛飛中，李前總統突然下車步行，朝農學部入口處走，在約五十公尺距離的雪地上擠滿了媒體記者及公安人員，踩在雪地上，躑躅不前，足足走了約十分鐘，李前總統在放下柵欄的入口處向校園內眺望，身旁的堀和生教授提醒說另有暗門可進入校園，而隨侍的公安人員則連聲制止，最後李前總統放棄進入，繼續乘車前往銀閣寺。在寺方住持的熱情接待下，停留約一小時就往柏宅移動，路過哲學之道時，李前總統又獨自下車，在這個因京都學派哲學大師西田幾多郎教授經常散步而成名的羊腸小道上，我撐傘陪侍李前總統在雪中踽踽獨行了一小段路，貼身隨扈的老鄭匆忙下車趕上護駕，卻在雪地上滑了一跤，老先生神

李前總統受阻於京大農學院入口處，只能遠眺而不能進入的失望表情。圖最右是隨侍在側的堀和生京大教授。(圖取自TVBS的電視畫面)

陪同李前總統伉儷參觀雪中的銀閣寺。

遊古人後，就直奔柏宅。

六、賺人眼淚的師生會

睽違六十一年，這對耄耋師生，各歷風雨一甲子，終於重逢，近百高齡的柏老在家人扶持下，笑容滿面地站在玄關歡迎，年近傘壽之齡的李前總統則脫下毛帽一鞠躬，眼泛淚光地開口問好。在近一小時的訪問過程中，我受台灣華視電視台江霞總經理之託，忙於攝影，柏老笑呵呵地對著李前總統說：「師徒就是師徒、過了百年還是師徒，可是您已經是名聞天下的天下人了。」師生之間除了互道桑麻、敍舊懷友之外，柏老又贈送其親筆簽名的生平著作共二十五冊，愛書惜書的李前總統欣然接受並頻頻交代隨扈不可丟失。在柏宅停車場，李前總統伉儷、媳婦及孫女巧巧和柏老全家拍完值得紀念的歷史照，李前總統依依不捨辭別恩師，想不到竟成永別，因爲二年後的二〇〇七年，柏老就壽終正寢了。

辭別柏老後，李前總統在大倉飯店十七樓以午餐宴請七位舊友，主客原是京大名譽教授市村眞一（國際東亞研究所所長）夫婦及赫赫有名的國際關係學者、京大的中西輝

睽違六十一年的耄耋師生會，李前總統聚精會神地閱讀恩師所提供的資料。

李前總統祖孫三代與柏家一家三代的家族照，我是唯一的外人。

李前總統睽違多年抵達京都時以午餐宴請七位舊友，右起王輝生、江口克彥先生。

政教授，但外務省認爲他「色彩鮮明」而遭剔除，賓客個個頭角崢嶸，唯一台灣出身的我有幸受邀作陪，深感榮幸。

七、司馬遼太郎墳前獻花的前置作業

司馬遼太郎先生是膾炙人口的日本大文豪，生前爲了撰寫《台灣紀行》而遍訪台灣，經由充當嚮導的「老台北」蔡焜燦先生的介紹而結識李前總統，學富五車的二人惺惺相惜，互相結爲異國益友。

故人蔡焜燦先生與黃崑虎先生都是長年以來陪侍在李前總統身邊，爲了台日交流而默默地耕耘不輟，令人肅然起敬的台灣紳士。蔡先生曾經當過駐紮於京都的少年飛行兵，因爲他熟稔京都的人文地理，成爲李前總統此次訪京的主要策劃者。蔡先生告知我，老先生將前往司馬老友的墳前獻花致敬，爲了事先瞭解墓地的情況，我與前輩添田世澤醫師前往清水寺墓園，在寒風中苦尋二個小時才找到一代大師司馬遼太郎的長眠之處，並在墓園旁的花店訂購花圈。爲避免提前曝光而節外生枝，所以花圈上面保留獻花者的名稱，直到一月一日晚上十點，我才用傳眞告知店家，獻花者是台灣的前總統李登輝先生。

由於一月一日、二日新年初詣，依日本習俗，群眾都會到寺院或神社朝拜禮佛，香火鼎盛的名刹清水寺，勢必人潮洶湧，由停車場到寺門，要經過約五百公尺長的商店街，更是摩肩接踵，特勤維安將益加艱難。所以，職司公安特勤的京都府警專程前來敝院，拜託我出面向寺方說項，通融李前總統一行的車隊避開群眾直接駛入寺內。

我與清水寺素無淵源，又無管道，只好求助於外務省負責與我聯絡的XX先生，然而，他竟然說李前總統並非他們的賓客，愛莫能助，我只好轉而求助於「交流協會」的聯絡管道。該會雖承諾給清水寺打電話，可能是官僚輕率的語氣惹惱高傲的寺方，引起寺方極大的反彈，寺方堅持此次訪問京都的負責人及京都府警特勤維安的負責人必須親自拜訪，寺方才會有所考慮。

因此，二十五日晚上外務省的XX先生緊急來電，要求我出面緩頰並告知寺方執事長的電話，我馬上急電執事長，誠懇說明事情原由，費了一番口舌後，執事長態度轉圜，才同意我前往拜訪溝通。隔天下午，我義不容辭地自掏腰包買了三萬日幣的水果，與京都府警特勤維安負責人聯袂拜會清水寺，行前並傳眞回台北上呈此事，因爲如果溝通失敗，在特勤人員無法維安的情形下，行程可能被迫取消。

見到清水寺大西執事長後，我首先很誠懇地向他致歉，並說：

「李前總統卸任後已經是一介平民，而且身有心臟病宿疾，只因遙知九十八歲高齡的恩師病危，才會不顧己身安危，冒著寒冬想造訪京都的恩師及長眠於貴寺的故友司馬遼太郎先生，順便拜觀久仰大名的貴寺。因爲台日無邦交，一介開業醫的我才會臨時扮演如此尷尬的角色，來處理非專業的事，又由於身負維安重責的京都府警，深恐熱情的李登輝迷聞聲慕名、蜂擁而至，難以維安，才要求我向外務省或交流協會求助，如今由於他們官僚輕率的作風，對貴寺有所得罪，把事情弄僵，我個人深感抱歉，如果，對貴寺有造成困擾或傷害的話，相信李前總統也會於心不安。一向親民愛民、喜歡接觸民眾的李前總統，相信他老人家會很樂意地與民同行，在摩肩接踵的人群中穿梭行進，親自體驗日本的庶民生活，說不定將會造成貴寺開山以來，因轟動逾恆、混雜過度以致秩序大亂而無法拜觀的歷史記錄。」

經過一番懇切的溝通後，在京都府警特勤人員的見證下，我答應萬一出事時，由我本人及輝生醫院擔負全責的條件，寺方作了如下的允諾：

1. 李前總統一行的車隊直接由側門進入寺內停車。
2. 當天在寺內貴賓室準備茶點招待貴賓。
3. 招待參觀寺內非公開的國寶及寺外景點。

4. 將陪同貴賓前往墓園弔祭司馬先生

我的任務終於遂行，總算放下了心中的大石頭。

想不到隔天二十七日早上，在看門診時，外務省中國課的XX先生竟然打電話來指責我不該指揮日本警察，我一時怒火中燒，不客氣地回話說：

「從頭到尾都是京都府警要求我幫忙在先，而我被動地花錢出力替他們解圍在後，現在你居然不分青紅皂白地信口開河。既然如此，台灣出身的我，自然非常樂意看到，來自台灣的前總統在摩肩接踵的商店街徘徊流連、體察民俗，享受日本人民的熱情，保證這將是明天各大報的頭版新聞，我們就樂觀其成吧。」

我不等回話就掛上電話，繼續看診。一個小時後，這位官員又打來電話致歉，前倨後恭的態度判若兩人。

台日無邦交，所以有關台灣的事務都是歸屬於日本外務省中國課台灣班負責，再責成對台窗口的「交流協會」（現改名為「日本台灣交流協會」）執行。而外務省中國課的官僚，他們更上一層樓的主要去處，就是外放到中國發展，所以都善於對中國察顏觀色，言談舉止更是小心翼翼不敢得罪中國，否則如果被中國貼上標籤的話，無異自斷前程。然而，面對台灣的官員反而不假顏色，甚至頤指氣使，這是台灣駐日官員動輒得咎、有苦難言的根本所在。

八、日本琵琶湖畔的除夕夜及初詣

十二月三十一日在京都午宴過後，我陪侍李前總統前往投宿處（JR新幹線坐落在琵琶湖北岸的別墅），晚上才回到琵琶湖西岸的敝院自家。

李前總統入境隨俗，除夕大晦日，吃完跨年蕎麥麵（蕎麥麵較易咬斷，意味著斬斷一年來的厄運，麵細細長長更代表長命百歲），祖孫三代團圓、觀賞NHK的紅白歌合戰，然後在夜深人靜中聆聽「除夜の鐘」（敲響一〇八次梵音，代表除去人間所有的一〇八個煩惱）。

李前總統一行因為晚睡而晏起，大年初一早上近十點我抵達別墅，還來得及與李前總統祖孫三代

—2015/1/2 中國時報

琵琶湖畔 李登輝過日本年

大田一博陪同跨年吃蕎麥麵 並與家人前往寺廟祈福

中央社／京都一日專電

前總統李登輝今天在日本滋賀縣的私人別墅，過了一個清幽的新年，也吃了象徵長壽的跨年蕎麥麵和日式年糕。李登輝上午在雪花紛飛中，與家人一同到北琵琶湖著名的古剎「渡岸寺」祈福，下午回到京都宴請好友，結束一天行程。

李登輝一行於十二月三十一日晚間下榻位於滋賀縣東淺井郡湖北町今西的私人別墅，與家人一起度過跨年。這個別墅正面對琵琶湖畔，四周空曠，別墅外警備森嚴，媒體採訪車稍一靠近，便有警車前來趕人。

三十一日傍晚和一月一日上午都有穿著華麗和服的餐飲服務人員進出別墅。與李登輝一起迎接跨年的京都大學醫學博士大田一博表示，陪同李登輝過年的只有他家人和台灣隨行人員等。昨天晚上他們吃了日本過年一定要吃的，象徵長壽的跨年蕎麥麵，今天早上也吃了應景的日式年糕。

今天上午琵琶湖飄起雪來，琵琶湖畔及附近山頭都蒙上一層薄薄的冰雪，李登輝一行原本預定的遊湖計畫臨時取消，只到附近的寺廟祈福。

日本人過新曆年，大年初一全家一定要去寺廟祈福，李登輝與家人也入境隨俗，前往北琵琶湖著名的古剎「渡岸寺」祈福，這裡供奉的是日本國寶十一面觀世音菩薩。下午李登輝回到京都，傍晚在京都有名的嵐山吉兆高級料亭宴客，結束了日本之旅倒數第二天的行程。

李登輝一行明天上午預定前往京都著名的清水寺參觀，接著到西本願寺大谷本廟內的日本作家司馬遼太郎墓前上香，傍晚預定從大阪關西機場搭乘日亞航班機返回台灣，日本李登輝之友會等團體也準備到機場歡送李登輝返台。

李前總統祖孫三代在琵琶湖畔吃跨年蕎麥麵過除夕之報導。

以及彭榮次先生等人共同享受「お雜煮」早餐，「お雜煮」是日本人在大年初一早餐所必吃的吉祥食，其材料是將除夕夜所供奉神明的年糕（乾麻糬），加上清淡食材熬煮成湯，年糕軟化成泥而柔韌黏長，代表今年的福氣綿綿長長，而元旦取食用的「祝い箸」（雙頭尖的祝賀筷子），一端供人使用，另一端供神使用，表示人神共食之意。

元旦依日俗，李前總統一行赴寺院初詣，於近中午時刻抵達湖北的渡岸寺，在收藏著國寶十一面觀世音菩薩的寺內，聽取住持的說明，由於該寺的神佛都供奉在榻榻米上，信徒都要盤腿而坐，而李前總統伉儷不耐久坐，所以寺方特地搬來座椅，才算解了圍。

一行於傍晚抵達京都，由於早餐時彭榮次先生不經意提及家父急病的情事，所以我剛返抵家門，就接到李前總統貼身隨扈鄭警官轉達李前總統的慰問電話，並希望我專心照顧病危的家父為要，所以隔天我就留守自家醫院，沒有恭送李前總統一行返台，成了為德不卒之憾。

九、悼念故友司馬遼太郎及臨別感言

大年初二，我在電視上看到，清水寺大西執事長謹守承諾，不但通融李前總統一行的車隊逕自駛進寺內，並親自陪侍參觀寺內、寺外及在雪花中同行到司馬遼太郎墳前獻花致意，我所背負的重擔總算差強人意告了一段落。

此次，李前總統是「觀光目的的家族旅行」，所以在申請簽證時，被附加「三不」的條件，1. 不開記者會。2. 不公開演講。3. 不與政治人物見面。李前總統遵守諾言，在旅行中，沒有政治性發言或動作，讓繃緊神經的日本政府鬆了一口氣。結束旅程時，在司馬先生的墳前，於台日媒體的簇擁下，公開發表離日感言：

「今天即將結束短短的七天之旅，再次鄭重感謝日本政府、國民及台灣旅日僑胞的親切照顧，雖然時間很短，卻看到日本的文化和生活，感覺收穫很大。日本是個在進步中又不失傳統的國家，如果今後日台兩國能建立更沉靜而且強力的連帶關係，我想這也算是此行的成功。在此再度向日本人表示敬意，也期盼日本能在國際上、全亞洲更加茁壯發展。謝謝大家，再見！」

【李登輝元總統が離日前のご挨拶】（場所：司馬遼太郎の墓前にて）

日本の皆様及び在日台湾の方々に

家族と共に、七日間に渡る、日本観光旅行を終えて今日帰国いたします、帰国するに当り、更めて日本の政府及び国民の皆様、在日台湾の方々が旅行中に　与えてくれまして親切なおもてなし御配慮に、心から深く感謝の意を表する次第であります。

日本の文化、国民の生活を実地に　見ることが出来たこと、私にとって、かなりの収穫が得られました。進歩の中に、伝統が失なわれずに、維持されているのを強く感じました。

この様な事は帰国してからゆっくり吟味

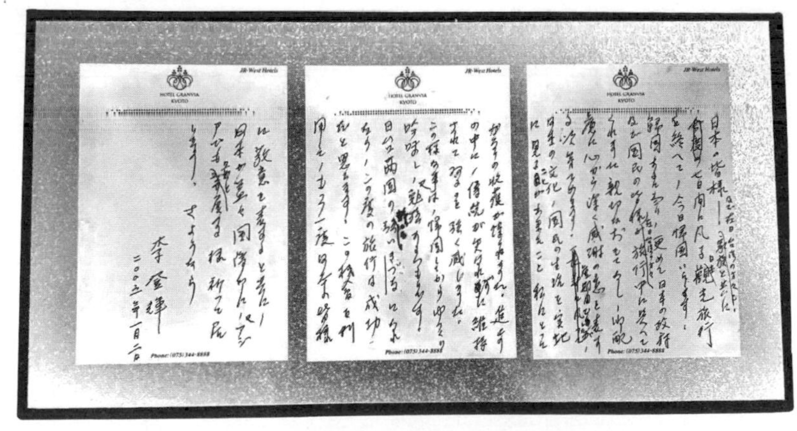

由於當時日本政府不允許李前總統開記者會，所以才故意在飯店中寫下此短函，在記者圍繞之下公開宣讀，表示是臨時起意的有感而發。

し、又勉強するつもりです。

日台両国の静かな強い絆になれたら、この度の旅行は成功だと思います。

この機会を利用して、もう一度日本の皆様に敬意を表すると共に日本が益々國際的に、又アジアでも最も発展する様祈っております。

さようなら

二〇〇五年一月二日

李登輝

李前總統在司馬遼太郎先生生前，曾低聲嘆氣地向他說：「生爲台灣人的悲哀」。如今，老友已故，物換星移，台灣經過寧静革命，已經步上自由民主之道，脫胎換骨地成爲華人世界中的唯一自由民主國家。此時的李前總統，似乎揚眉吐氣地向故友之靈高聲訴說：「生爲台灣人的幸福」。

李前總統於二〇〇五年一月二日，冒雪親往司馬遼太郎墳前獻花致敬。

十、李前總統、陳總統及駐日許代表的謝函

李前總統回台後馬上惠寄一封日文謝函，茲翻譯如下：

拜啟

新春時節，日益清祥，可喜可賀。

此次我以觀光旅行為目的，與家族同行，短短只有一週訪問日本。貴國正值新年，然而，大家不顧正月假期，仍然撥冗前來給予我意想不到的熱情歡迎，並惠賜高見，實在深深感謝。

今後尚請多加指導及鞭策。

首先略表敬儀、謹借片函表達謝意。

二〇〇五年一月吉日

李登輝　敬具

致　大田一博　樣

拝啓　新春の候、ますますご清祥のこととお慶び申し上げます。
さて、この度私は観光旅行が目的で家族を同伴し、日本を一週間ばかり訪問しました。お国ではお正月休み中であったにもかかわらず、皆様の暖かい歓迎を受け、思いもかけぬご歓待をいただきました。またご教示とご高配を賜り、まことに有り難く厚く御礼申し上げます。
今後ともよろしくご指導ご鞭撻を賜りますよう御願いいたします。
先ずは略儀ではございますが、書中にて御礼申し上げます
敬具

二〇〇五年一月吉日

李　登　輝

大田一博　様

登輝用箋

李登輝前總統謝函。

陳水扁總統惠寄一封謝函，原文如下：

輝生　會長大鑒：

接奉　華翰，敬悉種切。長期以來，迭承　支持，無任心感。猶憶二〇〇二年初，令堂榮膺第十二屆醫療奉献獎，渥蒙　陪同來府聚敘，並論及若干外籍人士，在我偏遠地區奉獻醫療工作多年後，仍無緣獲得永久居留權等情，令人印象至深。

此次李前總統訪日之旅，在中國無所不用其極的打壓下，終能克服重重困難，順利成行，吾　兄及我旅日鄉親居間奔走，功不可沒。特別是在籌備過程中，吾　兄之協調機宜，聯繫各方，對相關行程之規畫、推動，貢獻至鉅，謹藉此併申誠摯敬意與謝忱。

語云：「積善之家，必有餘慶」，長期以來，闔府濟世行仁，樂善可風。國人素秉「美意延年，厚德載福」之念，水扁深信，以　令堂之慈惠博濟，吾　兄之孝親純篤，闔府必蒙佑庇，安渡波折。請代向　令尊、令堂轉致祝福之忱，並祈珍攝調養，早日康復。耑此奉復，並頌年釐

二〇〇二年四月廿六日，陳水扁總統在總統府接見第十二屆醫療奉獻獎得主「魚池鄉之母」王林添汝及其家人（夫婿王福明及獨子王輝生）。

陳水扁 敬啟

二〇〇五年元月六日

並有台灣駐日代表許世楷博士的謝函如圖。

台北駐日經濟文化代表處

Taipei Economic & Cultural Representative Office in Japan

拝啓　新年明けましておめでとうございます。厳寒の候、ますますご清祥のこととお喜び申し上げます。

さて、過般は李登輝前総統来日に際しまして、多大なるご尽力を賜り、誠にありがとう存じます。無事に行程を終えることができたのも偏に先生のお力添えの賜物と、衷心より深謝申し上げます。

当處と致しましても、引き続き日台友好関係促進のため鋭意努力を重ねる所存でございます。

今後もなお一層のご支援、ご厚誼を賜りますよう宜しくお願いいたします。

時節柄くれぐれもご自愛くださいますようお祈り申し上げます。お父上様、お母上様もお大事になさってください。

まずは略儀ながら書面にてお礼申し上げます。

敬具

二〇〇五年一月吉日

台湾駐日代表

許世楷

大田一博様

台北駐日經濟文化代表處　〒108-0071　東京都港区白金台5-20-2　Tel: (81)3-3280-7851　Fax: (81)3-3280-7936
5-20-2 Shirokanedai, Minato-ku, Tokyo JAPAN 108-0071　Email: rocrep@www.roc-taiwan.or.jp

駐日許世楷代表惠寄道謝函。

十一、餘波盪漾，京大學生的反彈（揪出元凶）

此次李前總統在大雪紛飛中徘徊於京大校門，卻不能進入校園以重溫舊夢，引起自由學風鼎盛的京大學生極大反彈，他們花了三個月工夫，明察暗訪，於二〇〇五年三月三十日在《京大學生新聞》，以斗大的標題〈李登輝氏京大訪問の眞相は？〉「中國政府と外務省が元凶」，用整整二大版面鉅細靡遺地將李前總統訪問京大受挫的眞相揭露，原文是日文，茲摘要翻譯如下：

1. 訪日概要及訪問京大的報導

李登輝．台灣前總統此次的訪日是由十二月二十七日到一月二日一個星期。三十一日

自由時報 中華民國九十四年四月一日 星期五

方京大受挫 中國是元兇

對李來訪 但中國官員直接施壓校長 與外務省聯手阻撓 京大學生要求「雪恥」

京大學生新聞社以斗大標題「李登輝氏京大訪問的真相？」揭露真相，指稱李登輝訪問京大受挫，中國是元凶。

抵達京都，預定在三十一日早上，訪問他當年留學時代的本校農學部。他留學時代的農學部演習林事務室，至今仍然還保留著原貌，李先生想重訪舊地。但，當天無法進入校內，可望而不可及，受阻於數百公尺之外，以致無功而返。他徘徊於校門外而不能進入的畫面（附圖），經台、日媒體報導而流傳出去。各電視台都報導：「本校（京大）屈服於中國的壓力，以致於李登輝先生被拒絕進入校園」云云。平面媒體方面，台灣的《自由時報》及《台灣日報》則報導：「京大屈從中國的壓力，拒絕李先生的訪問。」另一方面，日本的平面媒體始終自肅節制，沒有著墨。只有共同通訊社報導：「本來想進去京大農學部參觀，但由於顧及警備上的問題，因而死心。」

此次訪日的實行責任者是大津市輝生醫院理事長大田一博（王輝生）先生（昭和六十三年醫學部博士），大田先生爲了實現李登輝先生訪問日本及本校，很久以前就展開了各種活動，二〇〇一年訪日時更發動了包括本校教授在內的一萬五千人以上的贊同連署運動。

2. 過去本校的對應

李登輝先生想訪問本校，今回並非首次，一九九二年十一月亞洲展望論壇第四回京都會議及一九九七年本校創立一百週年時，都曾經起心動念過，但都被校方以種種理由婉拒。

此次，由事前的情報得知，李先生將以觀光的名義訪問京都，本校也推測他可能會來訪，而大田先生也爲了實現李先生的訪問本校而開始有所行動。

3. 訪問本校前的周邊動作

對於此次李登輝先生的訪日，中方強烈反對，駐日王毅大使聲言：「豈止是麻煩製造者，簡直是戰爭製造者」，對日本政府提出抗議並表示報復之意。十二月二十二日，中華人民共和國總領事館的官員直赴總長室向本校施壓：「不要讓李登輝進入京大。」中國政府相關人士進入總長室，對大學自治提出無理要求，顯然是「干涉內政」，與二〇〇二年中國武警侵入瀋陽日本領事館內抓人的事件如出一轍，即使是日本文部省官員，也不能到學校直接干涉大學的經營。對中國政府的此種行爲，京都府警也都毫不掩飾地怒形於色。

對於中國領事館的要求，本校似乎沒有表示不接受的樣子。

李先生在二十七日抵達日本，訪日期間常常被警衛包圍保護。訪日行程完全在外務省的掌控之下，日台媒體在採訪時受到很大的制約，在電視上可看到媒體記者與警察發生衝突的場面，唯獨中國新華社的記者在採訪時沒有被警察攔阻。

大田先生在李先生訪日前，曾經致函尾池和夫總長，邀請尾池總長出席李先生對京大名譽教授們的邀宴，但總長沒有回函。

屋池總長在三十日召開「緊急幹部會議」，對於如何接待李登輝先生，似乎達成了下記的協議：「總長若不方便出面的話，副總長或以下代行也可以。」至少沒有明言反對接待，而且，李前總統在事前也沒有提出要訪問京大的申請。

4. 預定訪問的前日取消念頭

外務省及警察對於李登輝先生的行動，事前都有所掌握並有過沙盤推演，訪日實行責任者的大田先生也有所準備。大田先生有拜託過台灣留日京都滋賀地區同學會的張博文會長（理學研究科博士班），屆時充當李先生一行的嚮導角色。張先生在三十日晚上八點左右接到大田先生的電話：「明天拜託了（充當嚮導）」，但四小時後又接到大田先生的電話：「明天所拜託的事取消。」根據大田先生的說法，他是接到李先生來電：「尊重外務省的要求，想中止進入京大校園內參觀。」

當天早上十點多，李先生本來預定前往農學部演習林事務室參觀，停留約二十分鐘，然後再去下個目的地銀閣寺，同行者預定爲大田先生、外務省及警察關係者。據《voice》雜誌報導，李先生想訪問京大，但沒有事先向京大聯絡，乃是因爲考慮到如果事先走漏風聲的話，中方會益發對大學當局施壓，則訪問的可能性勢必更加渺茫。

5. 訪問當天，李登輝的動向

李登輝氏於三十一日抵京，首次搭乘新幹線，大滿足的樣子，在數百人的歡迎下，乘車朝往本校。

李氏車隊在校本部外面繞了一圈後，往北駛到農學部旁的大馬路，李氏下車步行（約五十公尺）到入口處，睽違六十年，終於見到了校園，不經意地說：「變了很多。」但此時隨行的外務省及警察官員連忙制止，指示不要進去。李先生難隱震驚的表情，自言自語：「算了，到這裡就好吧！」說罷就朝大馬路方向折回。

台灣的媒體不知李先生爲何折返，大田先生則毫不隱藏其憤怒的表情，向媒體訴說：「警察不讓他（李先生）進入，阻止他。」

看來，與其說大學當局反對，不如說是警察及外務省反對李先生進入京大校園內。

6. 向大學及中國當局詢問

走筆至此，都是在介紹歡迎李登輝先生者的心聲。至於另一方面，作爲當事者的本校，是如何對應呢？校方到目前爲止，針對報導及質問都沒有發表因應對策。

針對本報對尾池總長的詢問，本校廣報課答稱：

「校方沒有拒絕李登輝先生訪問，電視的報導莫非有所誤解，李先生終究（自己）取消了訪問。當天學校放假，職員沒有上班，大學的門是開放的，沒有理由拒絕李先生的訪問。」

此外，本報針對負責與中國產官學合作的松重和美副總長也提出質問，但仍未得到明確答覆。曾經對本校施加壓力的中華人民共和國大阪總領事館，本報也徵詢過其態度，所得到的回答是：「近日回覆」，但直到截稿爲止，仍無回音。

7. 中國政府及外務省是元凶

有關李登輝訪問京大，經過以上種種的檢證，幾乎所有人都認爲此次訪問本校的事件是「京大屈從中國而拒絕李先生訪問」。本報的問卷調查也顯示，有半數以上的校友對本校的應對持批判態度。

事實眞相是外務省及警察深怕引起糾紛，導致與中國的關係惡化，所以，要求李登輝先生「自己節制」而自動取消訪問。

此次李登輝之所以不能訪問本校，其元凶是中國政府及外務省，這就是結論。

8. 迎接李登輝先生的意義

一言以蔽之，說本校的對應是「媚中」行爲，顯然不是事實。然而，大學當局只因沒有明確的發聲，導致受到許多質疑及批判，實難辭其咎。

李登輝先生秉持台灣建國的願景，即使在中國猛烈的反彈之下，也堂堂正正地勇於表達自己的意見，不但實現了台灣有史以來首次的政權輪替，而且根植「台灣人意識」，引導台灣走上繁榮之道。他秉持理念願景，向人民宣揚傳達，這是身爲領導者不可或缺的要素。

本校不敢公布眞相，也許有其理由，但，深怕引起中國的猛烈反對而招致內外波瀾，恐怕才是主因。然而從長遠看來，這對本校未必有利。

如果本校拒絕李登輝先生訪問之事並非事實，則應該把中國向本校施壓之事公諸於世。眞相只要大白，一定會得到絕大的贊賞，那麼「京大是不向權力屈服、自由的學府」的印象才能根植人心。

相反地，如果校方一直不把事實眞相公諸於世，讓外界的蜚短流長任意蔓延燃燒的話，則「京大向中國屈服」的「誤解」將難以澄清，這絕非本校之福。

愛惜武士道・日本精神，爲了「日台共榮」而盡心竭力的李登輝先生，在面對中國排山倒海般打壓之下，仍然以沉著泰然的姿態從容對應，凸顯出李先生「大人物」的英豪本色，迎接李登輝先生前來本校訪問，一定會得到廣大國民的熱烈支持。

《京大學生新聞》爲了洗刷京大被汙衊的罵名，鍥而不捨明察暗訪，發表了此篇鏗鏘有力的義正嚴辭，一言中的地直指此次李前總統訪問京大受挫的元凶是中國政府及日本外務省，而且，單純的感性之旅竟然還礙手礙腳地被日本政府附加上苛刻的「三不」條件，身爲參與者的我，感觸尤深，故當時用中、日文分別投稿媒體，以茲共勉並聊表遺憾之意。

〈李前總統日本感性之旅中的些許遺憾〉

殫精竭慮維護台灣主權及提倡日台生命共同體理念而廣受人民尊崇的當代哲人政治家李前總統，幾經波折，終於成功來日，再度旋風般地掀起風潮，激盪了萬千日本人的心湖，至今仍然餘波盪漾。李前總統不但在嚴寒中親往金澤向奉獻一生給台灣的八田與一氏的遺族致敬，更在大雪紛飛中入洛，畢恭畢敬地前往探視久臥病榻、九十八歲高齡的恩師，睽違一甲子，在扣人心弦、賺人眼淚的師生會後，爲了不讓日本政府爲難，僕僕風塵地刻意選擇前往偏僻的琵琶湖畔與家人共度除夕夜，更在離日當天的大年初二，不避台灣人的忌諱，親往老友司馬遼太郎氏的墓前獻花追思。短短七天，集感恩、尊師、懷友於一身，很自然地流露出有情有義的台灣人質樸氣息的感性之旅，終於在萬頭鑽動的送行者惜別聲中留下了完美的句點。唯一美中不足的是，難得來到京都，路過母校居然過門而不入，引起諸多揣測，眾說紛紜，尤其是當中國駐大阪總領事罔顧禮儀，親赴京大，粗暴施壓，阻止李前總統訪問母校的事件曝光後，京大師生及校友們無不義憤填膺，抗議責難校方屈從中國之聲紛至沓來，不絕如縷，京大學生新聞社爲了追查眞相及維護標榜自由民主校風的京大校譽，三個月來鍥而不捨地明察暗訪各當事者，經過仔細緻密的追蹤調查，終於眞相大白，並將其結果鉅細靡遺在三月二十日發行的《京大學生新聞》以二大版面刊出，忝爲此次李前總統私人之旅（日、台官方未介入）的穿梭聯絡者，在飽受來自外務省、警察單位、國家安全單位等機構的「關切電話」之餘，本想讓它船過水無痕，不再節外生枝，招惹塵埃，但幾經思考，身爲京大出身的一份子，攸關京大的清譽，實有義務挺身而出，說出眞相，謹以參與者的身分鄭重推薦此一公正嚴謹的報導：「李登輝氏京大訪問の眞相は？」以饗關心日台共榮的讀者們。

醫療法人輝生醫院　理事長

大田一博（王輝生）敬具

【李登輝前総統　感謝の旅での少し残念なこと】

台湾の主権擁護に全力を尽くし日台の運命共同体理念を提唱し、多くの人々が尊敬する現代の哲人政治家・李前総統は紆余曲折を経て、ついに来日にこぎつけた。再度、つむじ風が巻き起こすように数多くの日本人のこころを奮い立たせ、今もその余波は続く。

李前総統は厳寒にもかかわらず、自ら金沢におもむき、一生涯を台湾に捧げた八田与一氏の遺族に敬意を表した。さらに、大雪の舞う京都において、かねがね尊敬する98歳の高齢になられる恩師を病床に見舞った。60年の歳月を隔て、互いに琴線に触れるひとときを過ごし、涙あふれる離別ののち、日本政府を困らせないために急いで琵琶湖畔のひなびた処におもむき、家族と一緒に除夜を迎えた。正月二日の離日当日には、台湾では忌む年初の墓参にもかかわらず、親友であった司馬遼太郎の墓に詣で、献花と追想のひとときを過ごした。七日間の短いなかで、遺徳に感謝し、恩師を訪ね、亡き友を偲び、情義に満ちた台湾人の素朴ないぶき溢れる感動の旅は大勢の見送りの声を受けて成功のうちに一段落した。惜しむらくは京都に来て母校の前を通りながら、入ることがかなわなかったことにある。このことについて揣摩憶測が飛び交い、いろいろと取り沙汰されている。なかでも、中国の大阪総領事が礼儀を顧みず京大に赴き、あからさまに圧力を加えたというものである。李前総統の母校訪問阻止事件があらわになると、京大の教師・学生および校友で義憤にかられないものはいなかった。学校当局が中国に屈服したことに抗議非難する声が至る所で沸き上がり、今も絶えない。京大学生新聞社は眞相調査と自由と民主を標榜する京大の名誉ある校風のために、三ヶ月間尽くせる限りの手を尽くし各当事者から事情を聞いた。緻密な追跡調査の後、ついに眞相が明らかになり、その結果は3月20日発行の京大学生新聞二面を使って詳細に書かれた。かたじけなくも、この度の李前総統私人の旅（日台の政府は関知していない）を取り仕切り、連絡役を努めた小生は、外務省、警察、公安関係機関より「好意とも圧力ともいえる電話」を数多く頂戴した。旅は何事もなく終わった。もとよりさらなる出来事を望むものではないが、ただ京大出身者としては母校の名誉のためにも、眞相を述べる義務があるものと考える。当事者の立場から、公正実直な報道をされた「李登輝氏京大訪問の眞相は？」の記事を日台共栄に関心を寄せる読者諸氏にぜひ一読を請う。

医療法人　輝生医院　理事長大田一博（王輝生）敬上

十二、京大教授的回報——塞翁失馬焉知非福

二〇〇四年李前總統過京大之門而不能入的風波，京大除了行政當局以外，師生們都深覺遺憾而感到奇恥大辱。

二〇一二年七月五日，我在看診中突然接到台灣駐大阪辦事處來電，謂：即將於十一月二十四日在京都舉行的「第九回國際糖尿病西太平洋地區會議」及「第四回亞洲糖尿病集會」，會中台灣的國名被「誤植」爲Chinese Taipei，而且排名在Chinese Hongkong及Chinese Macau之後。有人向台灣外交部抗議，由於主辦單位是京大，而且前後任的會長也都是京大教授，所以希望我出面交涉改正，並告知我，這是極爲艱難的任務云云。當晚我就透過在日本醫界位居龍頭要津的京大同學聯繫會長，原來他倆都是李登輝的粉絲（fans），所以，第二天就接到正面的回應，經過一連串的折衝協調，會長終於排除萬難，於七月二十三日電告我，已經決定將Chinese Taipei正名爲Taiwan。

前後不過十八天，化不可能爲可能，我感動之餘，馬上傳函致謝，茲將函文內容翻譯如下：

XX教授

這個月替您招惹了大麻煩，造成極大的困擾，謹致衷心歉意之忱。

雖然我一次也沒有拜會過教授，但教授居然對台灣國民的心意，如此體恤而且應物如響的回應，排除萬難，將Chinese Taipei的國名改正為Taiwan。今天早上，當接到教授的來電告知此事時，我真是感動之極而熱淚盈眶。

八月二日（星期四）下午三點，我將與台灣駐大阪的總領事黃先生一起前往京大醫院，登門拜訪並當面致謝。

內心不勝期待，早日相會。

二〇一二年七月二十三日

大田一博（王輝生）敬上

我並於隔天（七月二十四日）致函台灣的「中華民國糖尿病協會」理事長，台大醫學院的莊立民教授告知此一佳音。信函原文如下：

莊教授立民先生

昨天京大XX教授來電，告知他們已答應從善如流，並已經劍及履及地將「第九回國際糖尿病連合西太平洋地區會議」&「第四回亞洲糖尿病學會」會中提及的Chinese Taipei改正為Taiwan，並已公布在網站，敬請follow up。

我七月五日銜命受理此事以來，戰戰兢兢、全力以赴，由於我只是一介婦產科的開業醫生，醫務煩忙，隨時待命上陣，日夜不分，只得抓緊罅隙空檔時間，穿梭聯繫。原本以為，既然是外交部的指令，想必已經和事主的貴會取得充分的溝通及對策，我只要勇往直前就行。在衝鋒陷陣中，我手無寸鐵，難免傷痕累累，但我心繫台灣，一切都甘之若飴，七月二十一日在電話中得知外交部迄未與莊教授接觸過，真讓我頗感意外，悵然若失，也終於明白「台灣糖尿病衛教學會」的XX醫師為何會誤認為我是詐騙集團。好在我費了九牛二虎之力，攀親引戚才能贏得莊教授的信任，也才有往後的進展，否則，當「日本糖尿病學會」致函莊教授時，我將百口莫辯、勢必成為攪亂台日雙方學會一池春水的罪魁禍首。一想及此，不免一身冷汗。

反觀「日本糖尿病學會」方面，效率之高令人敬服，我只透過京大同學投石問路、居中斡旋，他們就主動採取一連串行動，包括查驗我的身份及知會貴會，並在我正式拜會前，就做出此重大決定，天差地別，身為在日台灣人，深感汗顏。下週我將正式拜訪XX教授及○○教授，感謝他們排除萬難，仗義勇為地扶台一把，在此並深謝莊教授的信任及提供相關信息。

謹祝

祖國多加進步

二○一二年七月二十四日
王輝生（大田一博）敬上

事成之後，我收到「中華民國糖尿病學會」莊立民理事長及台灣駐大阪辦事處黃處長的謝函和感謝狀。

這是數十年來台灣外交的重大突破，完全歸功於天時、地利、人和，皆處在有利於台灣的環境之下，才得以致之。由於京大學生新聞社報導當年李前總統受阻於京大門外，其元凶就是中國，因此，引起了京大師生極大的不滿，如今，又遇到類似的事情，京大師生自然會情不自禁地想方設法替台灣解套，而且，主辦單位是京大、會長又是同情「台灣の李登輝」的京大教授，所以事情才能在短短十八天就順利過關。

然而，當時是馬英九先生執政，台灣外交休兵，駐外人員消極無為，島內官員顢頇敷衍，整個處理過程荒腔走板，讓在前線作戰的我很是難過，待一切都塵埃落定後，遂將整件事情的來龍去脈、鉅細靡遺為文投稿台灣媒體，以為後人鑑。

〈台灣正名奮鬥記〉

七月五日在診療中，突然接到台灣駐外單位來電，謂，即將在十一月二十四日到二十七日，京都舉行的第九回國際糖尿病西太平洋地區

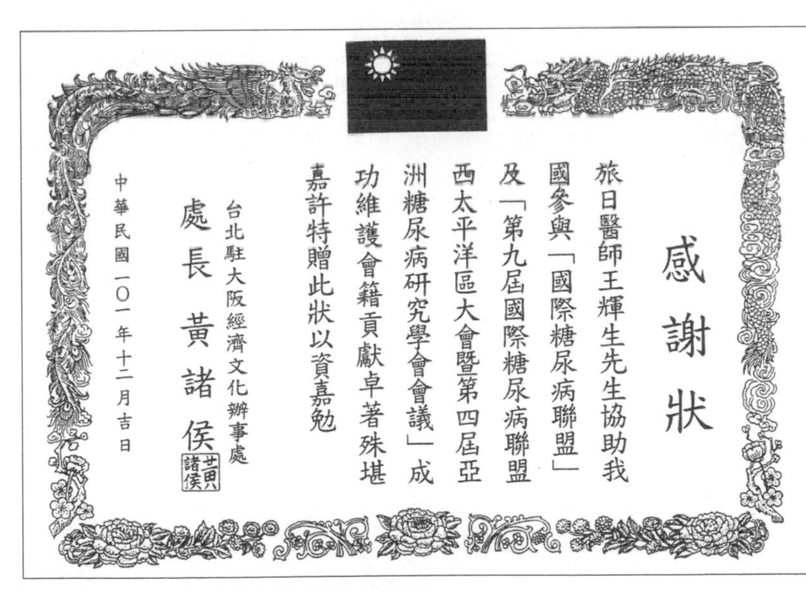
感謝狀

旅日醫師王輝生先生協助我國參與「國際糖尿病聯盟」及「第九屆國際糖尿病聯盟西太平洋區大會暨第四屆亞洲糖尿病研究學會會議」成功維護會籍貢獻卓著殊堪嘉許特贈此狀以資嘉勉

台北駐大阪經濟文化辦事處

處長　黃諸侯

中華民國一〇一年十二月吉日

台灣駐大阪辦事處黃諸侯處長惠頒感謝狀。

會議及第四回亞州糖尿病集會，會中台灣國名被「誤植」為Chinese Taipei，有人向台灣官方抗議，所以，希望我前往交涉改正，並告知這是難度極高的任務。

由於當天醫務繁忙，只好利用罅隙空檔，尋關係、找資料，追查主辦者身分。因為主辦單位是母校京都大學，不乏位居要津的舊雨新知，當他們得知原由後，都欣然為我作嫁。當天就著手替我穿針引線，居中聯繫主辦者，並馬上得到初步的善意回應，由於台灣有兩個糖尿病學會，互不隸屬，一為Chinese Taipei Diabetes Association，會長是台大醫學院莊教授。另一為Taiwanese Association of Diabetes Educators，會長是台中榮總醫院的許醫師。我原本以為既然台灣官方指令於我，而我也曾再三要求過，想必官方與事主的台灣二學會己有了充分的溝通、取得共識。我在無後顧之憂下，只需勇往直前即可，但由於日方反應迅速且友善，為了爭取時間，乃自力搜尋、費盡工夫找到台灣糖尿病學會後，滿懷熱忱地去電。然而該會職員因為民眾抗議對象是官方，而非該會，所以事不關己，又不肯告知會長的聯絡方法，令我無功而退，只好另闢蹊徑。心想，來自醫界聯盟基金會的台聯新科立委，當年為了台灣參加WHO經常上媒體，想必累積不少經驗，如能提供建言指點迷津，定有所助益，為了台灣的國益，不顧鄙陋，貿然去電。然而，該委員門檻太高，三度去電，耐心地向三位秘書細說原由，仍然不得其門而入。醫界立委吝於賜教，失望之餘，再求助李應元委員及涂醒哲前署長，才接洽上台大的莊會長，並透過內人台大醫學院的同學說項，總算贏得莊會長的信賴，也才有往後的順利發展。遺憾的是，台中榮總的許會長竟誤以為我是詐騙之徒，不理不睬，始終未能聯絡上。更令我錯愕難過的是，主其事的台灣官方始終未曾知會過事主的台灣糖尿病學會，更遑論溝通及取得共識，讓我有身陷越俎代庖之虞，一時頓覺四顧茫茫，不知如何適從。所幸，我及早取得台大莊會長的信任，知悉我在日本為其學會正名奮戰的實情，否則在莊會長毫不知情下，面對日方質疑時，我勢必成為攪亂日、台糖尿病學會一池春水的罪魁禍首，而且百口莫辯。一思及此，不禁悲從中來。

反觀日方，在京大友人的居間斡旋下，當天就有所反應，期間雖有中方人士從中作梗，略有波折，然而一切瑕不掩瑜，七月二十三日主辦單位終於排除萬難，答應從善如流，並趕在我正式拜會前，將網路上不倫不類的Chinese Taipei改正為Taiwan，還費心地替我查出，往年以Taiwan為名參加的國際糖尿病會議數例，當作佐證（這些都是當初我為了當作談判籌碼，屢次向台灣官方索取而未果的資料）。而且，主辦單位更將全部已印妥的文宣收回重印，效率之高，令人嘆服。

自銜命之後，戰戰兢兢全力以赴，無人提供任何相關資料及訊息下，匆匆上陣，在五里霧中，左衝右撞，難免傷痕累累。我只是一介去國多年的開業醫，僅單純希望，在有限的餘年，對生我育我的祖國，能聊盡棉薄之力，雖然，懷著滿腔熱血，迎面而來的往往是一盆盆冰涼的冷水，有時難免寒透心扉。然而，「不經冰雪徹骨寒，哪來撲鼻梅花香」，如今在數位有心人士的努力爭取，加上京大友人的熱心協助下，終於達成近乎不可能的任務，也因此鬆了一口氣。

目前台灣的處境日益艱難，風雨飄搖中的祖國需要的是睿智堅毅的領航者，積極有為的官員和敬業齊心的國民，才能同舟共濟，共度難關。如果領航者工於作秀，拙於掌舵；為官者消極無為，敷衍塞責；為民者人人自掃門前雪，國事不聞不問，那只有天佑台灣了。

心繫台灣的海外遊子

二〇一二年十一月二十四日

日本醫療法人　輝生醫院　理事長　大田一博（王輝生）敬上

追記：這是幾十年來，大型國際會議，台灣首次於開會前，正名成功的範例，也是外交的一大突破，希望公諸於世，以饗國人。大會於二十七日圓滿閉幕，由於台灣正名成功，台灣醫師踴躍參加居各國之冠，也是歷年之冠，賓主盡歡。

十三、榮獲外交之友貢獻獎及勳章

事隔一個多月，二〇一三年一月九日我忽然接到榮頒「外交之友貢獻獎」的消息，並於二〇一三年二月九日榮蒙台灣駐日沈斯淳代表親自由東京前來大阪頒贈勳章，隨後我接受《日本台灣新聞》的專訪，原文是日文，茲翻譯如下：

（《The interview of Japan Taiwannews》中文翻譯）

二月九日在大阪舉行「歡迎吳英毅僑務委員長，沈斯淳駐日代表晚會」，席中，接受台灣駐日代表沈斯淳先生贈勳「外交之友貢獻獎勳章」的王輝生（大田一博）先生，有關日台關係接受本報訪問：

Q：受勳感想如何？

外交貢献奬 2013年1月9日
王輝生(大田一博)

二〇一三年一月九日，榮蒙外交部頒贈外交之友貢獻奬及勳章一枚。

Republic of China (Taiwan)
Ministry of Foreign Affairs
Certificate of Award

This is to certify that the
Friend of Foreign Service Medal
has been awarded to

Dr. Wang Hui-Sheng

in recognition and commemoration of his remarkable contribution
to
bilateral relations
between the Republic of China (Taiwan)
and
Japan

David Y.L. Lin
Minister of Foreign Affairs
Date: January 9, 2013

外交之友貢獻獎證書

友字第206號

為表彰王輝生醫師對增進中華民國與日本國雙邊關係著有貢獻，依外交部致贈外交之友貢獻獎作業要點，特頒贈外交之友貢獻獎。

此證

外交部長林永樂

中華民國 102 年 1 月 9 日

接受日本《台灣新聞》的專訪時所展示的〈外交之友貢獻獎證書〉。

A：感慨萬千，由於日台無邦交，為了促進日台交流，多年來，一介開業醫的我，居然扮演了許許多多政府層級的角色。例如，十二年前，李前總統有意訪日，日本政府百般阻擾，拒發簽證，我基於義憤而發起連署運動，針對京都大學校友及日本醫界人士，共發出二萬多封私函，獲得熱烈迴響，有一萬五千多人，包括八十八位京大教授，簽名贊同李前總統訪日，我將此成果寄呈森總理及京大總長，幾經有心人士的穿梭交涉，李前總統長年的訪日宿願，終於得償，如遂所願地成功訪日。

Q：擔任日本台僑李登輝之友會會長，也促成訪日宿願，李前總統有拜會過其恩師

二〇一三年二月九日榮蒙台灣駐日沈斯淳代表親臨大阪頒贈外交貢獻獎勳章一枚。

嗎？

A：是的，那是四年後的第二次訪日，故柏祐賢先生是前京大農經教授，前京都產業大學校長、理事長，也是李前總統京大時代的恩師，由於九十八歲高齡年老多病，思念高徒日切，我將實情稟告李前總統，所以，二〇〇四年十二月三十一日除夕日，李前總統於大雪紛飛中親訪柏宅，促成了睽違六十年令人感動的師生會。

Q：擔任台灣留日京都大學校友會會長有何活動？

A：二〇〇七年十二月十六日在台灣總統大選前一個月，安排謝長廷總統候選人蒞臨京大校園內公開造勢演講。去年十一月二十四日有一個國際糖尿病醫學會議，主辦單位是京都大學，由於會前台灣的國名被寫成Chinese Taipei，台灣的醫師們欲參加卻找不到自己的國名，造成困擾，所以，我受託前往交涉抗議，幾經波折，終於成功正名為Taiwan。二年前在韓國及三年前在德國所舉行的同會議，都未有此類情形發生。

Q：此外有哪些交流活動？

A：我是台灣出身者，所以，為了促進台日的和睦相處，無不念茲在茲盡心盡力。

今年利用新年及五月的黃金週假期，自費招待京大教授及醫界前輩們，訪問台灣，與台灣的VIP（李登輝前總統、謝長廷前行政院長、李遠哲前院長等台灣的重要人物）及相關的友日人士交流，讓他們親身體驗台灣人民真心流露的誠摯友誼並飽嘗台灣濃郁的人情味。被俄羅斯、中國、南北韓等反日國家所包圍的日本，其近鄰，只有台灣是唯一的親日國，但是，日本政府對此瑰寶似乎不太珍惜重視，屢屢做出傷害台灣人民感情的舉動，所以，為了讓更多的日本人士瞭解省悟，我一直殫精竭慮奮鬥不懈。

Q：也有很多日本人關心台灣，你認為如何。

A：的確，日本與台灣曾經有過五十年的共同歷史及價值觀，台日人民往來頻繁，在台灣有高達85%的人民喜歡日本，在這世界上再也找不到如此親日的國家。但是，日本政府往往對於台灣人民的感受不太介意、不加重視，誠屬遺憾，迄今，日本政府對台日人民間依然千絲萬縷般深深羈絆的情感，似乎仍然不太瞭解。例如，三一一東日本大地震的時候，比九州還小的台灣，人口才二千三百萬，民間卻發揮大愛精神，募集了二百億以上的日圓，捐贈給東北災區，然而事後，日本政府為感謝世界各國的援助，舉辦了感謝宴會，居然只有最大的捐贈國台灣未蒙應有的招待，諸如此類，真是不勝枚舉。

Q：擔心的事情是什麼？

A：在台灣對日本懷有特別情感的日語世代們，大都年齡已長，且日漸凋零，在他們的有生之年，關心台日交流的有識之士如再不加緊腳步、挺身而出的話，像日本政府如此這般冷漠寡情對台作為若任憑發酵，我相信世界第一親日的國家：台灣，終將與日本漸行漸遠。

追記：二〇一九年三月十一日舉行的東日本大地震追悼會，新上台的安倍政府終於從善如流，邀請最大捐贈國台灣出席參加。

第三章

李前總統的恩師父子及京大交流

一、一期一會

自從感人的師生會之後，我與李前總統恩師柏祐賢教授的家族成爲親交，逢年過節，我都會代替李前總統寄贈一些台灣的時令水果，聊備薄禮以致敬意。

二〇〇五年二月十四日，我突然收到柏老先生親自揮毫的墨寶回禮「一期一會」。我內心油然生起一絲辛酸之感，因爲「一期」是佛家用語，意味人從生到死的這一段期間，柏老先生似乎在暗示我，在他的餘生，可能與李前總統無緣再度重逢了，所以特別珍惜上次的師生會，因爲那將是最後的「一會」。

二、柏祐賢老先生壽終正寢

二〇〇七年三月十二日，柏祐賢老先生以一百零一歲的高齡壽終正寢。

三月十六日喪家獨子柏久教授拜託我將訃聞轉呈李前總統，並殷盼李前總統能於四月七日蒞臨柏老的告別式，因爲柏老在生前曾經一再囑咐，在他往生後務必將其訃聞恭呈李前總統，說不定可以據此而取得赴日的簽證，所以我用傳眞稟呈李前總統，傳達喪家的拳拳心意。

然而，四月十一日中國的溫家寶總理即將訪日，爲了避免讓日本政府及喪家肅穆哀思的告別式造成困擾，李前總統選擇缺席，但惠寄一封情眞意切的弔辭，茲翻譯如下：

〈李登輝先生致柏祐賢先生之喪弔辭〉

柏久先生、各位遺族們：

此次，接到令尊的訃聞時，對各位遺族們，我真不知如何用字遣辭來開口安慰你們，一直困惑著我。

頃聞老師的仙逝，驚愕不已，首先在此謹以至誠表達內心哀悼之忱。

回想三年前二〇〇四年十二月三十一日，除夕那天造訪老師，睽違六十一年終能重逢，然而想不到，看到老師精神奕奕的神情，親切地侃侃而談的那天，竟然成為與老師相處的最後一天。

為什麼當時不更加用力地緊緊握住老師的手呢，現在真是後悔莫及了。但是透過老師那充滿了溫馨柔和的雙手所傳遞給我的暖意，現在仍然瀰漫在我心胸。那天柏老師邊笑邊說：「歷經百年，師徒仍是師徒，可是這位已經是名聞天下的『天下人』了。」在老師的面前，我仍然是二十三歲的學生。不，即使在老師仙逝後的今天，我將永遠是柏老師二十三歲的學生。

自台灣的高校畢業後，我單獨負笈東瀛，前往京都大學求學，當時既無朋友，也沒有可以依靠的人，在那充滿不安的求學生涯中，柏老師循循善

二〇〇七年四月七日，我在柏祐賢教授的告別式中，代替李前總統宣讀，悼念恩師的感人弔祭文。

誘，不但傳授我學問，教導我如何為人及處世，更給予我活力及勇氣。

終戰後我回到台灣，迄今數十年以來，我對於老師的諄諄教誨無一時或忘，而且我一直把它當作我人生的最高原則，奉行不逾。如果，當時沒有柏老師偉大無私的教誨，我相信就沒有現在的李登輝了。

一世紀以來，歷盡滄桑，在經過激烈的變革中而能存活過來的我的恩師，永遠在我內心燃燒、無法忘懷的我的恩師，柏老師，真的非常感謝您。

終於到結尾了，再度深深祈求上蒼護佑柏祐賢老師的在天之靈。

以上是我的祭文。

李登輝

二〇〇七年四月七日

大田一博（王輝生）代讀

（原文日文，王輝生翻譯）

【李登輝先生致柏祐賢先生之葬弔辞】

柏久様　御遺族の皆様

この度は、ご尊父　柏祐賢先生の訃報に接し、今ご遺族の皆様にどのようなお慰めのお言葉を申し上げてよいか、迷っております。

先生のご逝去を耳にし、愕然としました。まず茲に謹んで哀弔の意を表します。想えば三年前、２００４年12月31日、大晦日の日に柏先生のお宅にお伺いし、先生と六十一年ぶりに再会し、お元気なお姿を見、親しくはならったあの日が、先生との最後の日となってしまいました。

なぜ、あの時、もっとしっかり先生の手をにぎらなかったのだろう！と悔やまれてなりません。しかし、先生の温かなやさしい手のねくもりは今も伝わってくるようです。あの日柏先生は「百年経っても師弟は師弟。だがこの人は天下人だ」と笑いながら仰ってくださいました。しかし、そうではありません。私は、先生の前で、今まだ二十三歳の学生です。いや、先生の身罷られた今も、私は永遠に二十三歳の柏先生の学生なのです。

台湾の高校を卒業した後、私は一人で京都大学に参りました。友人もなければ、頼る人もいない、そのような不安な学業生活を送っていた私に、柏先生は学問はもちろんのこと、人の在り方や人の生き方も教えてくださり、更に元気と勇気を与えてくだささいました。

終戦で私は台湾に戻り、今に至りましたが、この数十年以来、私は先生の教えを片時も忘れることはありませんでした。先生は私に授けてくださった教えは、それからの私の人生における原則となしました。もし、あのとき、柏先生の偉大な教えがなければ、現在の李登輝もなかったと思います。

一世紀も間、激しく移り変わったこの世を生きてこられた私の恩師、永遠に私の心に焼きついて忘れることのできない私の恩師、柏先生!本当にありがとうございました。

最後になりましたが、再度柏祐賢先生のご冥福を深くお祈り申し上げ、私の弔辞と致します。

李登輝

2007年4月7日

大田一博（王輝生）代読

三、李登輝前總統與其恩師柏祐賢先生

爲了紀念這兩位橫跨台、日兩國，縱貫戰前、戰後兩代，分別在各自領域裡發光發熱的師生，我特別以中、日文記載此事，希望在未來的台日交流上留下一段美好的記憶。

〈李登輝前總統與其恩師柏祐賢先生〉

歷經諸多波折，在鍥而不捨的穿梭努力及惡戰苦鬥下，終於促成李前總統成功訪日，並於二○○四年除夕，讓睽違一甲子的師徒得以重逢相會，當年，這二位年高德卲、耄耋長者、靈犀相通的師徒重逢的那一瞬間，我看到了世界上最真誠最偉大的情感表露，也讓我感受到柏老先生永不磨滅的光輝，同時也攫獲了萬千日本人的心。柏老先生生於一九○七年明治末年，上月十二日去世，享年一百零一歲。一九三三年畢業於日本京都帝國大學，歷任京大的助教授、教授，自京大退休後又受聘為京都產業大學教授、校長、理事長，至九十歲退休為止，獻身教

育超過一甲子。二〇〇〇年受贈日本勳二等瑞寶勳章，恂恂儒者、德高望重而譽滿杏壇，是日本碩果僅存的農經學界泰斗、偉大的教育家。年輕時於留學德國的途中曾到過台灣，對台灣一直充滿友善的關切和熱情，尤其對於擁有一位「天下人」高徒的台灣學生李前總統，更是引以為傲。晚年，因為目睹李前總統的訪日行動一再受挫，自己雖然極力奔走關心，仍然力有未逮，未能幫上忙，一直耿耿於懷，生前一再交代家人務必將其死後的訃聞交給李前總統，或許對李前總統的訪日有所助益，這種老師對學生的誠摯關懷，讓我深受感動。師徒會前，久臥病榻的柏老先生奮力起床，在其二十五本重要著作上親筆題字贈送李前總統，這是柏老先生生前最後的一項工作，師徒會後，身體每下愈況，一直臥病在床，其獨子柏久先生雖然已貴為京大教授，卻仍然一肩挑起照護工作的重擔，舉凡大小便的處理、定時的翻身按摩、談笑解悶、天冷時的依偎取暖等等瑣碎雜事，柏久教授日夜不分，事必躬親，從不假手他人，無怨無悔充滿親情的愛心照料，讓柏老先生得以安享天年，含笑而去，難得的是父子倆都是謙謙君子，卑以自牧，如果世上還有父賢子孝的典範，我想柏老先生一家應該是當之無愧，尤其在這個充滿了爾虞我詐、人情義理日趨淡薄的功利社會中，更是彌足珍貴。

由於柏老先生是位耆老大賢，桃李滿天下，各居要津，其身後事是日本杏壇大事，尤其是李前總統能否再度排除萬難前來致祭，備受關注，然而，李前總統畢竟身分特殊，動見觀瞻，許多事情往往身不由己，終究不克成行。前天在京都舉行的這一個萬眾矚目、冠蓋雲集的告別式中，家屬竟安排由我這位沒沒無名的「台灣人」率先上台代表李前總統宣讀弔辭，當在眾多鎂光燈閃爍中，我誠惶誠恐、一字一句恭讀著李前總統那篇充滿哀悼情懷的追思祭文時，我內心激盪不已，勉強念完弔辭後，已是情不自禁地熱淚盈眶，真是感慨萬千。身為這二位貫穿台、日近代史，在各自的國度及領域裡都能發光發熱、受人尊崇的師徒，於歷盡滄桑後得以久別重逢的穿針引線者，深覺有責任將其始末做一個說明，特書此文，以茲紀念，並將李前總統的致祭文翻譯成中文，希望世人知悉這個跨世代師生間偉大真誠的感情，也讓所有台灣人能永遠記住這位對台灣充滿關懷、替台灣培育出一位傑出領導者的國際友人。

天佑台灣

二〇〇七年四月九日

日本醫療法人　輝生醫院　理事長　王輝生　敬上

【李登輝前総統と恩師柏祐賢先生】

紆余曲折を経て、たび重なる奮闘努力と悪戦苦闘のすえに、ついに李登輝前大統領の訪日にこぎ着けました。さらには2004年除夜の鐘を聴く夕べ、60年ぶりに師弟は再会を果たしました。この年、古稀を遙かに越えた耆旧のお二人、霊犀あい通じる師弟が再会する瞬間に立ち会った私は、この世でこれ以上ない誠にして大きな感情の発露を目の当たりにしました。また、柏先生の永遠不滅の輝きを感じるとともに、幾千万の日本人の心をいただきました。柏先生は1907年、明治最後の年のお生まれで、先月十二日、ご逝去されました。享年101歳です。1933年京都帝国大学を卒業され、京大助教授、教授をご歴任ののち、京大を退官され、京都産業大学より招聘を受け、教授、学長、理事長を経て90歳で退職なされました。六十年を越える年月を教育に捧げてこられました。2000年には勲二等瑞宝章を授与されました。先生こそまことの儒者、名声は世に渡り、名望は学術界にとどろき、農業経済学の泰斗とされる第一人者にして、偉大な教育者であられます。お若いときドイツ留学の途次台湾に立ち寄られました。それ以来絶えず台湾に関心を寄せられ情熱をそそいでこられました。なかでも「天下取り」となった高弟の台湾人学生李前大統領には大きな期待がありました。李前大統領の訪日が幾度も頓挫するのを目の当たりにすると、自ら東奔西走に身を砕くだけでなく、努力不足で助けられないのだと考え、たえず胸中につかえるものがありました。先生ご存命の時、幾度となく家族にご自身の訃告文を李前大統領に渡し、さらには李前大統領の訪日が実現するよう取りはからうべく申しつけられました。このような先生の学生に対する眞摯な思いやりに大変深い感銘を受けました。お二人がお会いになる前、久しく病床にあられた柏先生は気力を奮い立たせて、ご自身の重要著作25本に自ら筆を執って題字をお書きになり李前大統領に贈られました。これが先生の最後の仕事です。再会を果たされると、お身体は日に日に悪くなられ、半身不随の状態で床につかれました。一人息子であられる柏久先生は京大教授であられるにもかかわらず、介護の負担を一身に担われ、大小便の始末、時間を決めて身体をさすってあげること、話し相手になって退屈を紛らわすこと、寒い日にはお父様に身体を寄せて暖かくしてあげることなど、こまごましたことにまで気を配られました。柏久教授は日夜を分かたず、他人の手を借りずにすべてのことを自分でなさいました。嫌だと思うようなこともなく悔いを残さないように情愛を込めて世話をされ、お父様が天寿をまっとうされ、安らかにお休みなさるようになさいました。お父様息子様ご両人は共に得難い謙虚な君子、品性高潔の人士というべきです。この世に賢明な父と孝行息子の模範があるとすれば、柏先生のご一家を除いて他にはないだろうと思います。とりわけ騙し会いが満ちあふれ、人の情けや道理が日に日に薄れていく利益追求社会にあっては奇特なことと言うべきでしょう。

柏先生は耆旧の賢俊であられ、門下生は数知れず、いずれも要路で活躍されています。ご逝去は日本の学術界にあって大きなことです。李前大統領は再度万難を排して葬儀に参列するべく最大限の努力をしました。しかし、李前大統領の身分は特殊ですから、ただただ眺めているより術なく、いろいろの事情により身動きがとれず、諦めざるを得ませんでした。先日京都で行われた告別式には各界の錚々たる方々が多数ご列席なさいました。その式でご遺族より無名の「台湾人」であるわたくしめに、壇上より李前大統領の代わりに弔辞を読む栄誉をいただきました。写眞の閃光を浴びながら大勢の前で身を固くし、謹んで李前大統領の哀悼の気持ち溢れ先生を追慕する弔辞を一字一句噛みしめながら代読申し上げました。感激に打ち震えながら弔辞を読み終えると熱い涙が溢れ出てくるのを押さえられず、胸一杯の感懐に浸りました。日台現代史に活躍されたご両人は、国と分野の違いはありますが、共に大いなる業績を残しました。ひとびとから尊敬される先生とその愛弟子であるお二人の間柄は、歴史の荒波に翻弄されたあとにおいて、永らく分かれていた針と糸が出合うのをお助けした小生は、状況を説明する責任を痛感しました。ここに拙文をしたためてその証といたします。くわえて李前大統領の弔辞を訳して、世代にまたがった師弟間の眞心あふれる情感を多くの人に知っていただくとともに、すべての台湾人に、台湾に終生変わらぬ思いやりをいだき続け、台湾に代わって一人の傑出した指導者を育てはぐくんでくれた外国人の友人がいたことをいつまでも心に止められんことを願います。

台湾に天佑あれ

２００７年４月９日

日本医療法人　輝生医院　理事長　王輝生　敬白

四、柏久教授首次赴台

李前總統恩師柏祐賢教授的獨子，柏久先生，也是京大農學部教授。自從二〇〇四年的師生會後，與我結爲莫逆之交。事親至孝的他在辦完柏老的喪事後，於二〇〇七年五月三日，我招待他父子（京大法學部學生）二人，首度拜訪台灣並晉見李前總統，同爲學者的彼此，從農學、經濟學到哲學，長達五小時的談學論道，仍然欲罷不能又繼續兩個小時的賜宴開懷暢談，使柏久教授對於李前總統的博學多聞佩服得五體投地，從此亦步亦趨地與我攜手邁進，共同走上關懷台灣的不歸之路。返日後我

柏祐賢教授告別式後，陪同柏久教授父子赴台晉見李前總統。（右二為柏久教授長子，時為京大法學部大學生。）

馬上於五月十一日致函李前總統道謝。

返日後，柏久教授就殫精竭慮地爲籌備李前總統訪問京大而鋪路，他在二〇〇七年七月十六日致呈李前總統的函中提及：他爲了籌備李前總統的訪日基金，已取得京大農學研究科科長及李前總統的高一屆學長（也是其父柏老的學生）允諾，擬成立「寄付講座」以籌募基金。

五、台灣總統候選人謝長廷蒞臨京大演講

二〇〇七年年底台灣總統大選，民進黨選情告急，謝長廷候選人擬來京都造勢，我連忙與柏久教授聯合京大的友台人士，成立「京都大學日台交流協會」，柏久教授屈就，成爲我的事務局長，而且借用他的研究室充當事務局。一來，爲未來恭迎李前總統的訪問京大做事前準備，二來，拿此次謝長廷先生的訪問京大，當作暖身的預演操練。柏久教授並致函謝長廷候選人稟告此事。我們用京大校友會的名義，以討論法學的理由，申請前來京大演講，但京大規定：只有現役的京大教授才能申請大禮堂，柏久教授義不容辭地負起此一重擔。但，任何日本的教育機構都不想介入政黨的鬥爭漩

渦中，何況是國立大學爲外國的總統候選人提供造勢的場地，更是不可思議，身爲公務員的柏久教授，既不認識謝長廷先生，也不熟悉台灣的政治環境，只因我的要求，就不惜冒著被掛冠的風險，兩肋插刀爲我赴湯蹈火。十二月十六日謝長廷候選人終於成爲有始以來首位在京大校園內公開演講造勢的台灣政治人物，演講後並舉行台日的交流晚會。柏久教授也因緊張過度，以致狹心症發作而緊急住院，至今每想起此事，我仍然於心不忍而深感愧疚。

二〇〇七年十二月十六日，台灣總統候選人謝長廷先生於大選之前在京大校園的芝蘭會館公開演講。

有史以來第一位在京都大学公開演講的台灣政要

謝長廷先生講演会のご案内

2008年台湾総統選挙候補　　京都大学法学研究科OB

来年3月に行われる台湾総統選挙において与党民進党総統候補である京都大学法学研究科OB謝長廷先生が12月中旬に来日されます。これを機会に、台湾留日京都大学校友会では、下記の通り、先生に学術講演をしていただきます。

謝長廷先生と同じく京都大学で学ばれた李登輝先生が1988年に総統に就任されて以降、台湾の民主化が大いに進みました。謝長廷先生は、この民主化の流れを止めることなく、さらに推し進められるものと思います。先生のリベラルで深い学識に基づくお話を聞くことは、日本の将来を考えていく上でも非常に重要なことだと思います。ふるってご来聴下さいますようお願い申し上げます。

講演題目：日台関係強化への道～若者には何かできるのか～（日本語）
日時：2007年12月16日（日）午後6時（受付開始5時30分）
場所：京都大学芝蘭会館（京都大学医学部創立百周年記念施設・京都大学医学部構内）京都市左京区吉田牛ノ宮町11-1　TEL:075-771-0958

＊ JR京都駅から：D２乗り場　市バス２０６系統　「京大正門前」で下車徒歩２分
＊ 京阪電車鴨東線丸太町駅下車徒歩約10分

学歴：台湾大学法学部卒　大学３年弁護士高等試験一番合格　司法官特定試験合格　京都大学法学修士　博士課程修了　Harvard大学シニア研究員
経歴：台北市議員　民進党創立発起人　立法院立法委員　1996年副総統候補者　高雄市長　民進党主席　行政院院長　民進党2008年総統候補。
入場料：1000円　学生無料
なお、講演会終了後、歓迎レセプションを同会館で行います。
懇親会費：4000円
主催：台湾留日京都大学校友会
後援：比較法史学会、京都大学日台交流会。
【お問い合わせ及びご参加の申し込み】
輝生医院（大田一博会長）TEL：

講演会・懇親参加会申込書

□講演会出席　　□懇親会出席

氏名＿＿＿＿＿＿＿＿＿＿
住所＿＿＿＿＿＿＿＿＿＿
TEL＿＿＿＿＿＿　FAX＿＿＿＿＿＿

なお、関西空港までの出迎えも企画していますが、到着時刻が決まり次第、ご案内致します。

由「台灣留日京都大學校友會」主辦及「京都大學日台交流協會」協辦，邀請台灣總統候選人謝長廷校友前來母校京大演講的通知文宣。這是首位在京大校園內公開演講的台灣政要。

謝長廷先生京都大學演講會後的交流晚會中，王輝生及柏久教授致贈謝長廷先生，象徵京大圖騰的「時計台」，這是一幅出自著名大師的日本畫。

六、準備恭請李前總統前來京大演講

二〇〇八年柏久教授認爲李前總統的訪問京大時機已經成熟，所以於四月四日直接致函尾池和夫總長，表達想敦請李前總統前來他的「環境農學論」講座演講之意，語摯懇切，茲翻譯如下：

冠省

不顧失禮，一筆呈上。

我是地球環境學堂的柏久，已經被京都大學眷顧三十三年了。若與家父任職京大的三十七年，合計起來，我家二代已經承蒙京大照顧了七十年了。

去年三月，家父滿九十九歲（日本實歲）去世，當時承蒙總長獻花弔悼，衷心感謝。

當時在告別式時，榮蒙台灣前總統李登輝閣下惠賜弔辭。李登輝先生是先父的學生，也是我的大前輩。

二〇〇四年除夕大晦日，李先生屈駕造訪寒舍，與家父重溫舊情。

我為了答謝惠賜弔辭之禮，於五月三日前往台北，登府晉見李登輝先生，有幸長達五個小時親炙謦欬。在二〇〇四年大晦日的短暫時刻裡，我只是感受到他的光環而已，但在去年五月，我終於體會出他人性的完美、思想的崇高及其實踐力的強靭。

京都大學能孕育出如此名留青史的偉人，我相信這是全京大人的光榮。

雖然如此，可是二〇〇四年大晦日，李登輝先生居然不能進入京都大學的校園內，誠屬遺憾。關於此事件，京大的應對態度承受許多非難的雜音，至今仍然不絕如縷地傳到我的耳際。我認為有清洗汙名的必要。

不僅如此，我也思考，如果京都大學的學生有幸能接觸到李登輝先生的崇高人品，榮蒙他博大精深的教誨，對於他們的人格形成，一定大有助益。

所以，我決意敦請李登輝先生前來演講，預定在我所擔當的全學共通科目「環境農學論」的一節課裡演講。此次為了不重蹈上回的覆轍，所以事先提前致函呈知，敬請多加考慮並玉成此事。

突然冒昧致函，也許有欠禮數，但我滿懷期盼地殷切上書。

草草

致　京都大學總長

尾池和夫先生

平成二十年（二〇〇八）年四月四日

柏久敬上

可惜，由於尾池總長任期到九月三十日爲止，在卸任前不敢有所決定而婉拒了柏教授的敦請案。

七、情勢大好，卻功敗垂成

爲了招聘李前總統而籌募的講學基金（日幣上千萬），在二〇〇九年四月順利完成，因而設立「寄付講座」，爲期三年，而且，京大新總長松本紘教授上任，新人新氣象，他對李前總統素所景仰，所以恭迎李前總統前來京大訪問的情勢大好。

但不幸，當時柏久先生高齡的尊堂癌症舊疾復發，到二〇一〇年九月去世前，事母至孝的他，晨昏定省、親自看護，根本分身乏術，直到二〇一一年三月才訂妥京大的大禮堂，準備恭迎李前總統。無奈，當時正值台灣總統大選之前，李前總統遭馬政府的特偵組起訴，身陷官司，又於十一月二日因罹患大腸癌，住院開刀，不能出國遠行。種種的陰錯陽差，使得柏教授在他二〇一二年三月退休前，敦聘李前總統前來京大講學的宏願終成泡影。

八、李前總統關懷日本東北大地震

二〇一一年三月十一日，日本東北地區發生大地震，當天晚上就收到李前總統「人飢己飢　人溺己溺」的關心信函，玆翻譯如下：

日本李登輝之友會的諸位及日本的諸位：

由電視得知，日本發生日本觀測史上最大的「東北・太平洋海濱地震」。

有被海嘯洪流襲捲的民家及車輛、有因火災而無家可歸的災民們，甚至也有喪生及負傷者。看到接二連三的災害狀況報導，使我連想起一九九九年九月二十一日在台灣發生的大地震，同時想及此刻日本諸位的不安、焦慮及悲傷，我感同身受而心如刀割。

縱使，人類在大自然的猛威之前，心懷敬畏之念，但決不要無助地說：「這是命運！」千萬不要自我放棄！拿出精神！振奮自信心及勇氣！

如今，遠在台灣的青空之下，敬祈地震的餘威早日停息及災後的復興及早完成。

台灣前總統　李登輝

二〇一一年三月十一日午後八點

Office of Former President Lee Teng-hui
30Fl., 27, Sec. 2, Jungjeng E. Rd., Danshuei Jen, Taipei 251, Taiwan
李前總統辦公室 台灣台北縣25170淡水鎮中正東路二段27號30樓

日本李登輝友の会の皆様・日本の皆様。

日本観測史上最大の「東北・太平洋沖地震」の発生をテレビで知りました。

津波で押し流された家や車、そして、火災、家に戻れない方々。亡くなった方もおられます。負傷者もおられます。次々報道される災害状況を見て、1999年9月21日、台湾で起きた大地震を思い出すと同時に、現在の日本の皆様の不安や焦り、悲しみなどを思い、私は刃物で切り裂かれるような心の痛みを感じております。

人間には力の及ばない大自然の猛威を前に、畏敬の念は抱いても、決して「運命だ！」とあきらめないでください！元気を出してください！自信と勇気を奮い起こしてください！

今は、一刻も早く地震の余波が収まることと復旧を、遠い台湾の空の下でお祈りしております。

台湾元総統　李登輝

2011年3月11日午後8時

九、招待京大日台交流協會赴台參訪學習救災經驗

一九九九年台灣的九二一大地震，重創中台灣，滿目瘡痍，但復興之快，令人嘆爲觀止。我爲了回報京大校友前輩們爲李前總統的訪問京大、及謝長廷總統候選人成功地在京大演講而盡心盡力之恩，於二〇一一年日本東北三一一大地震，一個半月後的五月一日到五月四日，以京大日台交流協會的名義，招待關西地區各大醫院的院長及教授們，赴台參訪學習台灣九二一大地震的復興經驗。第一天首訪震央附近的日月潭，並與魚池鄉陳錦倫鄉長共餐，隔天前往台中的中國醫藥大學拜會黃榮村校長（九二一大地震救災執行長．前教育部長），聽取黃校長當年的救災經驗報告，當晚北上與京大傑出校友的謝長廷前行政院長共進晚餐。五月三日拜會李遠哲先生（九二一大地震災後復興委員會召集人．前中央研究院院長），並共進午餐，下午則前往翠山莊晉見李前總統（九二一大地震時的台灣總統及救災總指揮官），可惜，李前總統當天早上身體微恙而緊急入院，由其日文秘書小栗山女士出面接待。此行最重要的行程之一就是晉見高山仰止的李前總統，並商談恭迎李前總統蒞臨京大演講的事宜，不料，事出意外，大家未免失望，只好在李前總統的肖像前及翠山莊拍照留念。一行滿載而歸，於五月四日返日。我馬上陸續收到成員們的答謝函。李

京大日台交流協會一行訪問九二一大地震震央附近的日月潭。

京大日台交流協會一行拜會中國醫藥大學黃榮村校長（九二一大地震時的救災執行長），聽取黃校長的救災簡報。

京大日台交流協會一行與李遠哲前院長（九二一大地震時的災後復興委員會主委）共進午餐，並聽取災後復興的經驗。

京大日台交流協會一行在圓山飯店與京大傑出校友謝長廷前院長共進晚餐。

李前總統身體微恙，由小栗山日文秘書在翠山莊代為接見京大日台交流協會一行。

京大日台交流協會一行在翠山莊李前總統肖相前合影。

遠哲前院長也於五月九日惠寄一封謝函。茲節錄如下：

輝生吾兄道鑑：

吾兄雖旅居日本，日夜關心台灣發展，並致力促進台日關係，遠哲一直非常敬佩，也頗受感動。這次幸能與你的貴客共進午餐，很覺欣慰。森教授與同行的貴客都是學有專精，關懷社會的傑出學者，有機會共談世事，得益不少。謹在此對吾兄的熱忱表示謝意，也希望森教授早日康復。順頌　暑安。

遠哲　敬上

二〇一一年五月九日

十、李前總統大腸癌手術，赴京大斷念

二〇一一年三月，柏久教授已經訂妥京大的大禮堂，準備恭迎李前總統蒞臨演講，無奈李前總統在台灣官司纏身，又於十一月二日因罹患大腸癌而緊急入院開刀，赴京大演講之事只好斷念。所幸復原良好，面對日本友人的關心，他術後（仍在住院中）就惠

寄一封謝函。茲翻譯如下：

日本李登輝之友會的諸君：

前略。此次突然入院的時候，收到諸位許多的溫馨關懷信函，真是感謝。托各位的福，開腹手術以來已經十來天了，總算可以開始少量進食，也慢慢地可以下床步行了。

在發燒的朦朧中，聽說我有如下的夢言夢語：「現在的政府不行啦！讓人民安樂地過日子、非讓世界承認台灣是一個優秀的國家不行……」，雖然，我自己並不記得夢中之言，但如今，我可以確信的是，神明讓我存活，就是希望我再度為台灣而打拚。諸君為我而擔心，衷心感謝。下次再相會時，諸君當然不在話下，相信我也能夠有精有神地與各位交談。

貴地大概已經入冬了吧。祈祝各位健康快勝。

以上簡筆、謹藉片函權充答謝之禮。

二〇一一年十一月吉日

台灣前總統　李登輝　敬具

Office of Former President Lee Teng-hui
30Fl., 27, Sec. 2, Jungjeng E. Rd., Danshuei Jen, Taipei 251, Taiwan
Tel：886-2-8809-5001　　Fax：886-2-8809-5018
李前總統辦公室　台灣新北市 25170 淡水区中正東路二段 27 號 30 樓

2011 年 11 月吉日

日本李登輝友の会の皆様

前略。この度の突然の入院に際しては、皆様より沢山の暖かな励ましのメッセージを頂き、ありがとうございました。

お陰様で、開腹手術以降、今日で十日余り経ちましたが、どうにか、少しずつですが、食べ物も口に入るようになり、ゆっくりですが、ベッドから降りて歩けるようになりました。

熱におかされて、朦朧としていた時、私は寝言を言ったそうです。「今の政府はダメだ！人民が楽に暮らせて、世界が良い国だと認める台湾でなければならない・・・・」と。私自身、夢を見た記憶はないのですが、今、私が確信していることは、神が私をして再度、台湾の為に生かしてくれたのだということです。

ご心配下さった皆様に、衷心より感謝の意を申し上げます。この次にお目にかかるときは、皆様はもちろんのこと、私も元気にお話できると思います。

御地はもう冬支度でしょう。皆々様のご健勝をお祈りしております。簡単ですが、以上御礼のお手紙とさせていただきます。

敬具

台湾元総統

李登輝

第四章
學術文化之旅及公開演講的解禁

一、安倍首相上任後的首次訪日

二〇〇七年五月三十日，受到「日本亞洲展望論壇」發起人中嶋嶺雄博士的邀請，李前總統於卸任後第三度訪日，也是睽違二十二年再度重訪東京。

日本於二〇〇五年以後，開放對台灣人民的免簽證短期觀光，而且，二〇〇六年視李如師的安倍晉三榮任首相，取消了往昔對李前總統的諸多限制。在短短十一天的行程中，他作了三次的公開演講，也首次在日本出席記者招待會。第一場演講是在東京都內以「後藤新平賞」第一回受賞者的身分，發表他在日本的第一次公開演講。

公開演講的題目是「後藤新平與我」。後藤新平是日本留德的醫學博士，曾任東京市長、拓殖大學校長及日治時代的台灣總督府民政長官、南滿鐵道會社社長，及內務大臣、外務大臣等要職。由於歷任的台灣總督大都是軍人出身，不諳內政，所以，總督府民政長官等於是開發台灣的擘劃及經營者，他在台任內（一八九八到一九〇六年），將醫療、衛生、交通、教育及產業等基礎工作深植台灣，是台灣走上近代化的最大功臣，被尊稱爲「台灣近代化的奠基者」，李前總統稱他是「開發台灣的偉大先驅者」。其外孫椎名素夫參議員也是一位出色的物理學者及政治家，更是李前總統的摯友，前二次李

二〇〇七年六月七日，李前總統前往靖國神社向奉祀在其中的兄長李登欽（岩里武則）默禱致哀後，以「二〇〇七年以後的世界情勢」為題，在東京發表第三次的公開演講。

前總統艱難的訪日，都是椎名參議員在日本政府中穿梭協調，甚至，他也曾遠從東京，紆尊降貴地親臨大津市的寒舍磋商，可惜天不假年，菸不離手的他於二個月前的三月十六日因肺炎而與世長辭，來不及躬逢其盛。

二、探訪文學思想的源泉所在「奧之細道」

日本俳句（俳諧）是一種由「五、七、五」共十七個音，所組成的日本古典短詩，被譽為日本「俳聖」的松尾芭蕉有一本曠世的文學巨作《奥の細道紀行》（奧之細道紀行），書中記述著松尾芭蕉與其弟子河合於一六八九年，從江戶（東京）出發，歷經東北地區、再跋山涉水到終點的大垣為止，在長達二千四百公里長的旅程中，松尾將其沿途的所見所聞及有感而發的心情，用俳句的形式撰寫出來。由於東北地區在江戶時代稱為「陸奧國」，簡稱「奧州」，是屬於邊陲幽奧之地，「奧之細道」就是奧州小徑的意思。由於李前總統伉儷熱愛文學，都是日本俳句的喜好者，對於《奧之細道紀行》中的俳句更是耳熟能詳，所以，造訪「奧之細道」一直是李前總統伉儷的宿願。

六月二日，李前總統一行離開東京，沿著詩人松尾芭蕉當年的行腳軌跡，前往東北地區探訪「奧之細道」，尋找他文學思想的源泉所在。六月六日抵達秋田市，在其好友中嶋嶺雄校長領導的國際教養大學，發表第二次的公開演講「日本的教育及台灣—我走過的道路」。然後再回到東京，於六月七日早上，前往靖國神社向奉祀在其中的兄長李登欽（岩里武則）默禱致哀。之後在東京發表第三次公開演講「二〇〇七年以後的世界情勢」。

三、台日外交的重大突破

李前總統前二次的訪日，日本政府雖然勉強開了綠燈，但還是小鼻子小眼睛的瞻前顧後，此次訪日，可以說是大開大闔地能放就放。

由於安倍首相的包容與禮遇，此次李前總統終於能在日本擺脫牢籠般的限制，揮灑自如地面對廣大的日本人民，用流利的日語及充滿哲理的思想，為台灣而發聲。不但公開演講，而且召開記者會，連敏感的靖國神社都能理直氣壯地前往參拜。抵日前，他在飛機上面對媒體有關參訪靖國神社的質問時，李前總統說：「二十二年前訪日時，不知道家兄被奉祀在靖國神社，現在既然知道，又來到東京了，不去探望一下，為人弟者，在人情世故上來講，實在於心不忍。」而安倍首相面對同一詢問時也說：「李先生是以個人名義來日本觀光旅行，當然有信仰自由，這不會影響日本和中國的關係。」日本國際教養大學的校長中嶋嶺雄博士也在《產經新聞》撰文「期待李登輝博士來日」，文章中稱讚李前總統的國際政治觀點「充滿學術洞察力，可與國際政治學的世界學會基調報告匹敵」，又稱「再也找不到像李登輝這般學識淵博，又對日本常懷深厚友誼的世界領導人」。

種種靈犀相通的友好互動，使得日本政府專為台灣卸任元首所量身打造的諸多限制都消失於無形。李前總統於卸任後，首次造訪東京、首次公開演講、首次召開記者招待會、首次不用申請簽證來日，更首次公開參拜敏感的靖國神社等等破記錄的壯舉，都是台、日斷交後所絕無僅有的現象，此行，可以說是台日交流的重大突破。

四、李前總統的謝函

李前總統回到台灣，一個月後寄來一封謝函，茲翻譯如下：

Office of Former President Lee Teng-hui

30Fl., 27, Sec. 2, Jungjeng E. Rd., Danshuei Jen, Taipei 251, Taiwan

Tel：886-2-8809-5001　　Fax：886-2-8809-5018

李前總統辦公室　台灣台北縣25170淡水鎮中正東路二段27號30樓

大田一博　　樣

暑中お見舞い申し上げます

皆様に於かれましては益々ご健勝にてご活躍の事とお慶び申し上げます。

このたびの11日間にわたる、「学術・文化交流と「奥の細道」探訪の旅」に於きましては、行く先々で皆様の心温まる歓迎とおもてなしを受け、感激いたしました。心より感謝申し上げます。ありがとうございました。

帰国致しましてから、丁度1ヶ月経ちましたが、いまだ夢覚めやらずの心地でおります。全て皆々様の熱き心が私たちの旅を、かくも有意義なものに導いてくださったものであると信じております。また、いつの日か、お目にかかれることを楽しみにしております。

簡単ながら、茲に再度感謝の意を表し、皆様のご健康とご活躍をお祈りしつゝ、御礼のお手紙に代えさせて頂きます。

敬具

2007年7月吉日

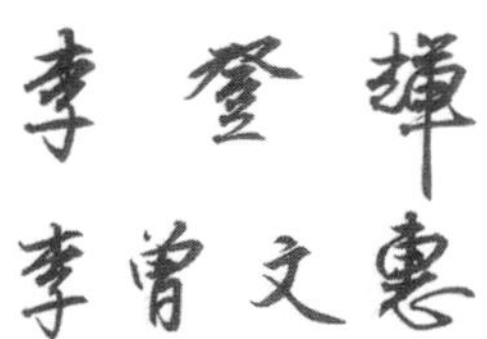

探訪「奧之細道」返台後，李前總統惠寄道謝函。

大田一博先生

謹致盛夏慰問之意。

關於諸位的益益健勝及事事活躍情事，真是可慶可賀。

此次，為期十一天「學術．文化交流及〈奥之細道〉探訪之旅」，所到之處，受到諸位意想不到的溫馨歡迎，非常感激，衷心感謝，多謝。

回國剛滿一個月，依然有如夢覺般在心中縈繞不散。

我相信這完全都歸功於諸位的熱情心意，將我們此次的旅行導向有意義的意境而有以致之。我滿心歡樂地盼望後會有期。

以上簡筆，茲再表達感謝之意，敬祈諸位健康、活躍，謹藉片函，聊表謝禮。

二〇〇七年七月吉日

李登輝．李曾文惠　敬具

五、首次在大阪公開演講

二〇一四年九月二十日，李前總統應日本李登輝之友會的邀請，首度前來大阪公開演講。這是李前總統卸任後的第六次訪日。

此次，爲籌募李登輝圖書館的建設基金，成立了『李登輝先生歡迎募金』（一人或一單位三萬日幣）。主辦單位深怕聽眾裹足不來，原本與隔天二十一日將在東京舉行的演講會一樣，預定準備接納六百人的講堂，但我胸有成竹地建議以二千人爲目標，因爲我手中掌握有當年連署運動時一萬五千多人的李登輝粉絲名簿。我一人一函地發出近八百封的演講通知單，到九月十日爲止，已經有一千五百多人報名，由於進場時每人都要經過安檢，超額則警備不易，警方希望僅止於一千五百人，但當天仍有數百個不約而來的聽眾擠滿會場。

李登輝元総統ご来日講演会

大阪と東京で開催

このたび台湾の李登輝元総統が、李登輝基金会により本年末から淡水に建設予定の「李登輝図書館」について日本でも広く知っていただくことや、人生の師と仰ぐ新渡戸稲造の事蹟などを北海道に訪ねることを目的に、平成21（2009）年以来5年ぶりに来日されることとなりました。総統退任後、6度目の来日となります。

大阪と東京で「これからの世界と日本」（仮題）と題する講演会を開催します。また、李登輝図書館建設の資とすべく「李登輝先生歓迎募金」（1口＝3万円）も実施し、李登輝基金会ではご協賛いただいた方のお名前を「李登輝図書館」に何らかの形で表示するとのことです。ご理解とご協力のほどよろしくお願い申し上げます。【本会ＨＰ参照】

◆大阪講演

日　時：平成26年9月20日（土）18時～19時30分（開場17時）

会　場：大阪府立国際会議場（グランキューブ大阪）3階 イベントホールA・B
〒530-0005 大阪市北区中之島5-3-51　TEL：06-4803-5555

◆東京講演　＊東京講演はお申し込みを締め切っています。

日　時：平成26年9月21日（日）18時～19時30分（開場17時）

会　場：大手町サンケイプラザ 4階 ホール
〒100-0004 東京都千代田区大手町1-7-2　TEL：03-3273-2258

参加費：各3,500円　＊当日、受付にて申し受けます。
＊参加者全員に李登輝元総統ご揮毫色紙（印刷）をプレゼント。

申込み：お申し込みフォーム、メール、ＦＡＸ、郵送にて。
フォーム：https://mailform.mface.jp/frms/ritoukijapan/vmg3px3v0r5d
E-mail：info@ritouki.jp　ＦＡＸ：０３－３８６８－２１０１

締　切：9月12日（金）＊定員になり次第締め切ります。

◆主催・お問い合わせ：日本李登輝友の会
〒113-0033 東京都文京区本郷2-36-9　西ビル２Ａ
TEL：03-3868-2111　FAX：03-3868-2101　E-mail：info@ritouki.jp　ＨＰ：http://www.ritouki.jp/

李登輝先生来阪歓迎委員会　TEL：06-6360-0436　FAX：06-[illegible]-[illegible]［清河法律事務所内］
日本台僑李登輝之友会　TEL：077-[illegible]-[illegible]　FAX：07[illegible]-[illegible]-[illegible]［輝生医院内　大田一博］

李登輝先生・大阪講演会のお申し込み

ご氏名：＿＿＿＿＿＿＿＿　所属団体名：＿＿＿＿＿＿＿＿

ご住所：＿＿＿＿＿＿＿＿＿＿＿＿＿＿＿＿

電　話：＿＿＿＿＿＿＿＿　メール：＿＿＿＿＿＿＿＿

＊同伴者がいらっしゃる場合はご氏名をお書き下さい。

ご氏名：①＿＿＿＿＿＿　②＿＿＿＿＿＿　③＿＿＿＿＿＿
④＿＿＿＿＿＿　⑤＿＿＿＿＿＿　⑥＿＿＿＿＿＿

李登輝前總統大阪及東京演講會通知單。

六、柏久教授抱病晉見李前總統

李前總統恩師的獨子柏久教授，自從二〇〇四年李前總統一家人在大雪紛飛的寒冬拜訪柏宅後，對於李前總統的淵博學識及超人毅力高山仰止，佩服到五體投地。他常對我說他有三個父親，一個是生身之父柏祐賢先生、一個是思想啓蒙之父西田幾多郎（日本哲學之父）、另一個就是精神導引之父李登輝先生（台灣の父）。他從一個對台灣一無所知的京大教授，蛻變成不惜兩肋插刀義助我，爲促進台日交流而並肩作戰，其奮不顧身的精神，往往讓我感動不已。他不幸於二個月前的七月，因胃癌在京大作胃全摘手術，

李前總統在演講前撥冗接見柏久教授及我的家人。

當時他正接受術後的化療，也堅持前來恭迎盛會，李前總統在演講前，特別在飯店撥冗接見柏久及我的家人，然後，爲了預防術後感染，柏教授在夫人的陪同下直接返回京都。

七、大阪演講的內容

這是李前總統在大阪首次的公開演講，全用日語，講題：「未來的世界與日本」，茲將中譯文陳述如下。

日本李登輝之友會的中西輝政副會長，執行委員會的辻井正房委員長及諸位委員，還有蒞臨會場的各位，晚安！今天受到日本李登輝之友會的邀請，睽違五年再度訪日，能夠向這麼多與會來賓發表談話，感到非常榮幸。而且，內人與兩個女兒今天也來到會場。

我決定到日本的時候，兩位女兒認為「父親與日本的緣分這麼深，卻連一次也沒有陪父親赴日」，所以九十一歲才帶著女兒來到日本。七十年前，我在京都帝國大學念書時志願入伍，服役於大阪第四師團，終戰時擔任帝國陸軍少尉。緬懷當時，現在的街道和戰時的景象完全不同，令我感到非常驚訝。

今年六月，我在《WEDGE》月刊刊載〈李登輝送給日本的話〉，第一章標題定為「日本的新生」。因為安倍晉三總理再度拜相，令人有所期待，感覺這二十年來，長期在政治經濟上持續低迷的日本，復甦光芒在望。今年七月，安倍首相果斷決定容許集體自衛權的行使，美國立刻發表歡迎的聲明。我李登輝也大表歡迎。

這就是導正日本戰後長期以來不正常的狀態，邁向新生的第一步。對於安倍首相的果斷決定，個人由衷表達敬佩之意。說來驚奇，明天正是安倍首相的生日，謹由衷表達來自台灣的祝福，並期待安倍首相更加活躍。身處這個混亂的國際社會，現在的日本應該如何因應？作為對日本有所期待的友人，我有些話要說。

第二次世界大戰結束，美國強化身為唯一超級強權的存在感，做法是避免經濟上的失敗，全然展現在急速的經濟成長上。一九九一年蘇聯瓦解，從東西冷戰獲勝以來，美國就一直呈現出單極霸權國家的樣貌。然而，二〇〇一年九月發生的九一一恐怖攻擊事件，突然改變了過去的國際秩序，這個大事件可說預告了美國單極稱霸時代的終結，以及國際社會開始陷入混沌時代。

同時期頻繁發生的恐怖攻擊事件，也對金融方面造成衝擊，持續低迷的美國經濟，二〇〇八年因雷曼衝擊（Lehman shock）遭受決定性的打擊，美國已經喪失單獨牽引世界的力道了。不僅如此，當景氣對策成為要務，美國的國內輿論也轉為「領導人對內政應該比外交投注更多心力」的對內傾向，美國發揮主導全球的功能已經遭遇瓶頸。

過去是美國和日本等先進五國，所謂的G5在推動世界經濟，後來變成G7召開高峰會來決定世界走向。發揮領導功能的是美國，再來，俄羅斯則從一九九七年起加入，變成G8。但是，因為二〇〇八年的金融危機，號稱先進國家的各國實力盡失。取而代之的是中國、印度、巴西等經濟成長顯著、發言分量漸增的新興國家。而且，加上了這些新興國家，G20終於成為國際政治上引發論戰的議題。

這種國際秩序的多樣化，能夠取代美國、承擔統御全球能力並擁有經濟實力的國家或組織，已經不存在了。欠缺發揮主導功能的國家，可以說正是國際秩序的崩毀。就算把各有內政問題、利害殊異的二十個國家聚集起來，也找不出一致的方向。美國政治學者伊恩．布雷默（Ian Bremmer）就把它稱為「G零」的世界。若讓我來說，這就是戰國時代的來臨。

以中國為首的新興國家，其經濟實力根本無法繼承美國及其盟邦所擁有的領導地位。達到經濟急速成長的中國，連美國都有呼聲期待它成為新領袖，也就是說，是美國和中國的「G2」之意。但是，二〇一〇年九月，正如當時溫家寶總理在聯合國大會的演講一樣，他說：「中國現在還是社會主義的初期階段，開發中國家的地位並未改變。」所以，中國還沒有那種意圖。

而且，要繼承美國主導的布雷頓森林體系（Bretton Woods system）之下成立的國際貨幣基金（IMF）等國際組織架構，中國連領導能力都沒有。雖然說GDP僅次於美國，但因為中國人口超過十三億，所以每人平均GDP不過六千美元，只有日本的八分之一。而且，貧富差距懸殊，以致於僅占總人口〇．一％的富裕階級卻有獨霸四十一％個人資產的狀況。

貧富差距、崩毀前夕的不動產泡沫化、公務員貪腐、激烈的反日示威等，以及令人無法置信的環境汙染；對中國來說，它根本無暇受託承擔國際社會的責任，更遑論維護國際秩序，因為中國連國內秩序都開始動盪。美國主導的G1時代已經告終，G20沒有功能，G7已成往事，若美中的G2再變成紙上談兵的話，全球就要迎接「G零」的世界。美國單極支配的時代已經過去，現正逐漸轉移到幾個區域大國激烈交鋒的世界。日本面臨的國際社會變幻莫測，特別是西太平洋的主導權之爭，由於中國透過軍事擴張和武力展示，加深了緊張程度，美國也被迫承受沉重的負擔。在這個時代，日本該如何因應呢？

首先要說的是，日美關係這件事變得更加重要。日本已不能再採取讓美國保護的態度，日美非得成為更加緊密和對等的盟邦不可。還有，應該重新提問的是：要如何運用日美同盟？日本應該扮演什麼角色？對於充滿內政問題的美國，看來已不能抱持太多期待。日本應該思考的是，與美國構築建立在坦率對話的對等夥伴關係，把日美關係的重要性作為前提的同時，有必要徹底重新思考日美同盟的狀態。

在這個意義上，今年七月安倍首相果決容許集體自衛權的行使，不只是討美國歡心，也是要讓美國放心。容許集體自衛權的行使，確實會使日美同盟更加穩固，實際上還要關注美方對日本的期待。如同在座的中西輝政先生所著《霸權的終結》一書所言，就像日本需要美國一樣，美國在某些情況還更需要日本。日本諸位應該對此有所瞭解。

九〇年代以來，美國從冷戰結束再歷經波斯灣戰爭，高擎標榜著蠻橫「單邊干涉主義」的「舊美國」，直到雷曼衝擊導致經濟疲軟不振以前，對過去的不捨似乎綿延不絕。現在的美國正以「新美國」之姿，與多極化世界探索協調的路徑。我認為，現在日本應該作為和美國協調的夥伴，與美國共同貢獻，一起發揮讓世界安定進步的功能。

尤有甚者，對於實力正在衰退的美國，日本可以提供美國追求的功能，所以要利用這個機會，落實過去面對美國未能付諸執行的事。也就是，應該修改憲法，讓日本成為真正獨立自主的正常國家。唯有如此，才能達成安倍首相擺脫戰後體制的目標，是建構「新體制」的正確一步。

容許集體自衛權的行使，可以說是一個開端，未來不只和美國，日本還要和菲律賓、澳洲、印度加強軍事關係，必然也可以為台灣帶來良好影響。再來，在釣魚台群島和南海問題上，中國也將不敢貿然行動。從結果來說，讓人對區域穩定懷抱期待。

過去日本遭逢國家危急存亡之秋，曾把西洋文明與日本文明加以融合，造就了明治維新這種世界史上絕無僅有的偉業，從而克服了國家難關。像坂本龍馬一樣的青年們挺身而出，成為引導日本的領袖。根據我的看法，現在的日本正處於明治維新以來必須進行最大變革的情況，就是現在，應該發動平成維新了。

為了改革，作為國家根本的憲法應該如何修正呢？這是當前日本的一大課題。如眾所知，現在的日本國憲法本來是用英文撰寫，再翻譯成日文的文件。也就是說，戰勝國美國為了不讓日本再度與之兵戎相向，從而強迫日本接受現在的憲法。其中第九條禁止日本擁有軍事力量，因為如此，日本就把國家安全託付給美國。然而今天，日本就要大幅變革，開始邁步登上新生的台階。

為了真正的獨立自主，日本需要什麼？透過歷史來省思，當然無法迴避憲法課題。然而，這個問題不但很少討論，更遑論觸及修憲這個長久以來被視為禁忌的議題；部分人士似乎根深蒂固地認為：「只要有第九條就可以維護日本的和平」。然而，無視現實、擱置憲法問題、漠不關心，我覺得這顯然是在威脅日本的國家安全。在我看來，歷經六十年以上，一字一句都沒有修改，這種情況毋寧讓人感到怪異。歷史瞬息萬變，不僅日本及其國民所處的狀況因時代變化而有差異，而且日本一直擱置國家根基的憲法，未來難道不會被拋到國際脈動和時代後面、走向衰頹嗎？

在此意義上，安倍首相果決容許集體自衛權的行使，就是邁向安倍政權最終目標──修憲、特別是修正第九條的第一步。擁有武力，並不代表戰爭之意。如同剛才一再陳述的意見，當前的世界是戰國時代。在國際社會，為了不受欺凌，有必要擁有武力來保護自己。根據報導，日本國民之間似乎有批判和反對修憲的聲音，針對這點，希望安倍首相充分向國民說明，務必落實最終目標。

最後，我想為日本諸位打氣，要對日本歷史和文化感到自豪，為了平成維新，該當昂然奮起而充滿希望，現在的日本人一定要恢復信心和自尊。現在的日本人，尤其是年輕人很可憐，他們接受了「日本以前做壞事，是侵略亞洲的壞國家」這種單方面教育，認定日本遭受世界各國的批判，從而喪失了信心。

幾年前，我曾經到台灣中部的日僑學校演講。日僑學校的校舍在一九九九年大地震時倒塌，我立刻想辦法協助他們，找到現在的校地，重新建造了校舍。後來接受這所日僑學校的邀請，向學生們發表演說，演講內容大概是台灣在日本統治時代的樣貌。當我問起學生，得知日本的學校教育都教他們：「日本殖民台灣，剝削人民，帶來苦難。」那可真是彌天大謊！

我這麼告訴學生們：第四任台灣總督兒玉源太郎的民政長官後藤新平只用了八年七個月的時間，就把台灣打造成幾乎「相差百年」的近代化社會，從而建構出當今繁榮的基礎。為了台灣的近代化和經濟發展，後藤新平先把欠缺工作能力的一〇八〇位日本官員革職，遣返日本。這種事情，若沒有相當的覺悟和決心，根本辦不到！

就這樣，各領域的秀異專家匯聚台灣，各位熟知的新渡戶稻造，包括在台灣依然像神明一樣受到尊崇的水庫技師八田與一，還有很多才幹一流的日本人為台灣賣命，多虧他們的付出，所以造就現在的台灣。說完這段故事，演講結束後，學生代表高興地說：「今天聽到李先生這席話，信心油然而生。過去走在馬路上，總覺得臉上無光，從明天起可以挺胸闊步了。」我也感到很高興，勉勵這位學生「要加油！」用不著舉出這些例子，我覺得戰後日本人的價值觀發生一百八十度的轉變，令人非常遺憾。

日本的各位！一定要早日從戰後的自虐價值觀中解放出來。因為如此，日本人要更加擁有自信，應該繼承民族的精髓，要對從前武士道砌築的不成文規範感到驕傲。如此一來，擁有身為日本人的自我認同之後，日本才能在國際社會中承擔責任。位於「G零」後的世界，日本正處在十字路口上。

日本為了完成求生存的變革，不可或缺的就是全體日本人立志決行，日本人非得擁有自尊和自信不可。其結果攸關東亞更加的穩定與和平，也將為日本和台灣帶來更良好的關係。日本和台灣是命運共同體，日本好則台灣好，反之亦然。衷心期盼日本邁向真正獨立自主的國家，我就以此結束談話。感謝大家的聆聽。

二〇一四年九月廿日 李登輝

八、聽講後的感觸

身爲台灣出身者，看到客從故鄉來，卻讓自負自傲的主人們如醉如癡地爲之著迷，不禁百感交集，於是，徹夜乘興地寫出下記之感文：

〈恭聽李前總統演講後有感〉

來日三十六年，九月廿日那天是我一生最感光榮，也是最以生為台灣人而引以為傲的一天，為了聆聽一位來自外國的耄耋長者演講，縱然需高額的入場費，仍然阻止不了想要參加的日本人潮，共一千八百多人，一個個井然有序地通過body check才魚貫入場。演講時，在如雷掌聲中，我內心澎湃、不斷地在吶喊，我至念的老友，陳兄、江兄、鄭兄、施兄、沈兄、劉兄、林兄、曾兄……可惜你們不克來現場分享此時此刻身為一個台灣人的光榮，我們何曾有幸擁有這麼一位集哲學、文學、音樂、經濟、農業、財政、美學、軍事、政治專家於一身的領航者，在這個高度發達的國度，能讓高傲自負的人民折服並且如醉如癡的尊崇。我更感謝這些日來不眠不休與我並肩齊力、奮戰不懈的日本義工戰友們，當然，最感謝的是李前總統，雖然「老驥伏櫪，志在千里，烈士暮年，壯心不已」，但畢竟歲月不饒人，雖風前殘蠋，卻仍不斷地燃燒自己，只為了照亮大家所熱愛的台灣。

王輝生於日本　二十一日凌晨二時

由於內心澎湃、文思泉湧，我意猶未盡，接著又寫下：

〈二〇一四年李登輝旋風狂掃關西席捲日本〉

睽違五年，李前總統以九十三歲高齡，為了替台灣發聲，於九月十九日重訪日本，時間不但沒有沖淡日人對他的懷思及尊崇，反而歷久彌堅，人未來已先轟動，九日報名參加演講的預約人數就已爆滿，高額的入場費阻止不了爭先恐後的報名人潮，最後在維安人員勸阻下，大阪會場儘量止於一千五百名，向隅者只好抱歉割愛。

日本人對於當年李前總統那場順乎天應乎人的「寧静革命」，使台灣邁向自由民主坦途的豐功偉績，至今仍然如數家珍般記憶猶新，尤其是當台海危機勃發、「兩岸猿聲啼不住」，在台灣人民陷入恐慌前，「輕舟已過萬重山」，李前總統胸有成竹，氣定神閒地掌舵，巧妙安然度過驚濤駭浪，使台灣化險為夷，發揮以小搏大的領袖風範及氣度，更是令正籠罩在中國崛起陰影下的日人心折不已。

今天（二十日）大阪演講會場一片人海，關西地區重要台僑空前大團結，不分藍綠，無論黨派，呼朋喚友，幾乎傾巢而出，人雖多，卻雜而不亂，在維安人員引導下，一千八百多名來賓井然有序一一通過金屬探知器後，才進入會場。李先生本身就是一位好學不倦、飽覽群書的哲人學者型政治家，「假金才用真金鍍，若是真金不鍍金」，演講中很自然地娓娓道來，引經據典，言簡意賅將曲折複雜的台日關係及世界局勢，抽絲剝繭般闡述分明，用詞鏗鏘有力且精闢入理，句句珠璣，扣人心弦，台下聽眾的掌聲不絕於耳。

只因日本於二戰後缺少出色的領袖人物，博古通今者更是鳳毛麟角，所以一向崇拜英雄、仰慕權威的日本人民，面對這位博學多聞，卻渾身上下散發出「武士道精神」氣息，充滿「天下英雄氣，暮年尚懍然」的台灣耄耋哲人長者，其孺慕之殷，尊崇之情，充分寫在臉上。由於有史以來，從未有台灣的政治人物在日本大放光彩過，更無人受過此殊榮，所以台僑們都深以為傲，與有榮焉，此時此刻更是感動得熱淚盈眶。日本是一個高度工業化的國家，民性趨於保守內斂，花錢費時去聆聽政治人物的演講，超過百人已經是大新聞，上千人則不僅是空前，想必也是絕後，尤其是去聽一位事不關己的外國老人演講，更是聞所未聞。

在聽眾如醉如癡的神情上及如雷掌聲中，我們再次體驗到那種隱藏和壓抑已久的內心激盪，也深深感受到那種超越國界，橫跨黨派，且極為珍貴的自然關懷與扶持。在隨後舉行的私人宴會，更是冠蓋雲集，群賢畢至，於觥籌交錯中，李前總統縱橫捭闔，以恂恂長者不亢不卑的誠懇態度，「仰之彌高，既之也溫」的平民領袖氣質，迷醉了與會的所有貴賓，託李前總統的福，使台日兩國人民對於台日命運共同體及唇齒相依的信念更加踏實牢固。

廿一日的東京行及隨後的北海道行，仍然一如首站大阪般的盛況空前。李前總統所帶來的台灣旋風再度席捲東瀛，當這位在台灣、日本及全世界都能綻出光芒，台灣碩果僅存的世界級政冶人物，已經九十三歲高齡，百病纏身，卻依然奮不顧身地有如蠟燭般，不停燃燒自已所剩不多的生命，只為了照亮他所眷念的台灣，「蒼龍日暮還行雨，老樹春深更著花」，風塵僕僕地在他鄉異國，聲嘶力竭地為台灣發聲，殫精竭慮地讓台灣在海外發光發熱，希望島內外的同胞能像日本台僑一樣，不分藍綠，無論黨派對這位熱愛台灣的長者，請伸出您們溫暖的雙手，多給掌聲，善加珍惜。

天佑李前總統　天佑台灣

二〇一四年九月廿一日

大田一博（王輝生）敬上

大阪演講後，李前總統馬不停蹄，於九月廿一日趕往東京演講，講題：「未來的世界與日本」，九月廿三日抵達北海道，九月廿四日視察「台灣糖業之父」新渡戶稻造生前行腳的軌跡，由北海道返台。

第五章

訪問京大，再現曙光

一、京大新總長上任，新人新氣象

二〇一四年七月四日，山極壽一教授當選京都大學新總長，爲期六年、並於十月一日就任。那時李前總統剛在大阪舉行過空前盛大的演講會，創下日本有史以來、花大錢去聆聽外國政要演講的最多人數記錄（近一千八百多人）。

京大總長更迭，新人新氣象也帶來新希望，所以，我於九月八日致函李前總統。

敬愛的李總統：

睽違五年，李總統再度訪日，十幾年前，贊同李總統訪日的連署運動名簿，發揮了絕大作用，東京會場定員六百名，早已預約滿席，大阪會場原本預定一千名，我堅持以二千名為目標，以連署運動名薄為主，用手寫方式發出八百份通信函，到九月二日為止，已超過一千二百名報名，申請參加人數仍如雪片般紛至沓來，李氏旋風再度席捲日本，將可預期。

為了替奮鬥十幾年的李總統訪問京大製造條件，我順勢將演講通知單及演講會預約的中間報告等，代表日本國民孺慕李總統的實情，函告京大總長、京大農學部教授們、京大新聞社及京大出身的民主黨之星：眾議員前原誠司先生等京大關係者。前原先生並已經開始動作，查詢肯挺身邀請李總統訪問京大的教授。今午與江口克彥先生見面，再徵詢其高見。

二〇一四年九月八日凌晨

天佑台灣　天佑李總統

謹祝訪日成功

大田一博（王輝生）敬具

我的戰友柏久教授也分進合擊，致函京大校友民主黨的前代表（黨魁）前原誠司眾議員，尋求聲援。

我並於十月九日致函江口克彥參議員，稟告將與柏久教授再度攜手，力挺李前總統訪問京大之意，而且期盼江口先生的協助。

日本民主黨前主席前原誠司衆議員與其親人名畫家伊藤紫虹女士。

二、致函蔡英文董事長尋求聲援

二〇一三年一月三日，在我回台返日的前一天，台灣李登輝之友會的黃崑虎總會長設宴爲我餞行，並邀請彭明敏教授、蔡英文教授及許世楷前駐日代表作陪。席間，大家都對二〇一二年小英的總統大選失敗而惋惜，但對她敗選後的風度頗爲肯定，下台的背影更是瀟灑，眾人都殷盼她養精蓄銳，以待東山再起。

因爲有過一面之緣，我於二〇一三年十二月廿三日致函小英教育基金會的蔡英文董事長（二〇一二年大選敗選後辭去民進黨主席），擬引薦日本前外務大臣前原誠司眾議員，以便共同協力幫助李前總統訪問京大。蔡董事長應物如響，在十二月三十一日馬上惠寄回函，茲節錄如下：

輝生博士惠鑒：

十二月廿三日來函及所附資料，均已收悉。感謝令夫婦長期的支持和鼓勵，您來信已拜讀，對於所鼎力推薦的前原誠司先生，如有機會當願意與他見面認識。

時值新年伊始，謹祝福您闔家平安、吉祥。

二〇一三年一月三日我回台返日前，黃崑虎先先生在國賓飯店為我餞行，圖左依次為彭明敏教授、王輝生、蔡英文教授（二〇一二年總統大選失利而辭去民進黨主席）及許世楷教授。

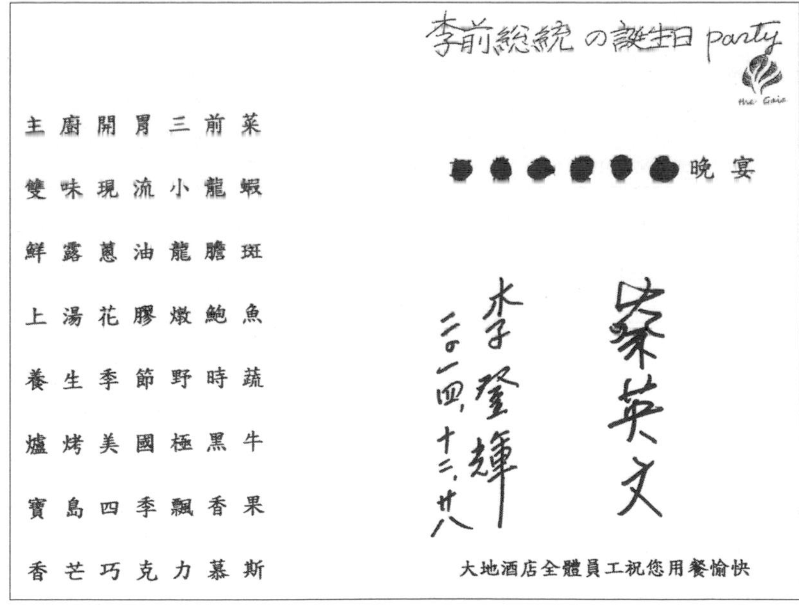

李前総統の誕生日 party

晚宴

主廚開胃三前菜

雙味現流小龍蝦

鮮露蔥油龍膽斑

上湯花膠燉鮑魚

養生季節野時蔬

爐烤美國極黑牛

寶島四季飄香果

香芒巧克力慕斯

蔡英文

李登輝 二〇一四、十二、廿八

大地酒店全體員工祝您用餐愉快

二〇一四年十二月二十八日赴台恭逢李前總統的生日盛宴，與李前總統、蔡英文主席（二〇一四年五月二十八日重任民進黨主席）同桌共賀，在菜單上李、蔡同時簽名意味傳承。

敬祝　時祺

財團法人小英教育基金會　董事長　蔡英文 敬上

時隔一年，二〇一四年十二月廿八日，我有幸榮蒙黃崑虎先生之邀，赴台參加李前總統的生日歡宴，與李前總統、蔡英文民進黨主席（二〇一四年五月廿八日重任民進黨黨魁）和黃崑虎先生伉儷同桌餐敍，並趁機向李總統及蔡主席稟告訪問京大之事。

三、拜會山極壽一京大總長

自從二〇〇〇年八月，爲了促成李前總統的訪問日本，尤其是訪問母校京大而發動連署運動起，直到二〇一四年，共歷任長尾眞、尾池和夫、松本紘三位總長，我都曾經一一致函並呈上一萬五千多人的簽名成果。二〇〇〇年以前剛卸任的二位總長：第二十一代的西島安則總長是親手頒發醫學博士證書給我的總長，而第二十二代的井村裕夫總長也是醫學部的大前輩醫師，二位都與我有些淵源，所以，在發動連署運動時，我曾經很誠懇地致函，單純殷盼這二位師長能够挺身而出，玉成此事，但所有我致呈總長的函件，都有如石沉大海，有去無回。

二〇一五年三月二十日，台灣駐大阪辦事處蔡明耀處長所屬的扶輪社，邀請京大的山極壽一總長前往大阪演講，在蔡處長的介紹下，我專程前往大阪與山極總長有過交談，我除了稟告李前總統想訪問京大之意以外，也呈交一萬五千多人（包括八十八名京大教授）贊同李前總統訪問母校京大的連署名簿及新聞報導，並得到山極總長「不反對」的爽快然諾。

四、稟告李前總統——訪問京大重現曙光

與山極總長會談後，馬上回家用傳真稟呈李前總統。

摯友柏久教授聞悉喜訊，也在同日（三月二十日）致函上呈李前總統，稟告在他有生之年將盡全力去完成這一個未竟的使命。

我並在二十四日正式致函，上呈李前總統：

李總統鈞鑒：

三月二十日前往大阪參加台北駐大阪辦事處蔡明耀處長所屬的扶輪社例會，會後與當天獲邀演講的京都大學總長山極壽一先生會晤。在蔡處長陪同下，針對李總統訪問母校京大的事，向他口頭提出訪問的意願。由於事前已經有了充分的溝通，所以山極總長當場爽快地說：「私人的訪問，京大是不會反對」，感謝一番後，我將二〇〇〇年「贊成李前總統訪問母校京大及日本」連署運動的成果，一萬五千名包括八十八名京大教授的簽署名簿，及二〇〇四年「京大學生新聞社」的〈李登輝氏京大訪問の真相は？〉檢證報導，當面呈交總長後，握手而別。

京大每二週開理事會，根據京大內線透露，關於李總統訪問之事，年初就有過討論，下次會期四月初，將會有更具體的決策。屆時，我與柏久教授再出手提出校方能接受的計劃，然後，將其交涉折衝結果於五月初回台時，當面晉見稟告。

十幾年來的奮鬥，終見曙光，難掩興奮之情，簡此奉告。

我將於五月二日回故鄉魚池，五月五日到六日北上台北，七日返日，五月五日或六日，乞能撥冗接見，是為至禱。

謹祝 平安順利

二〇一五年三月二十四日

王輝生敬上

五、籌劃蔡主席與安倍首相見面

二〇一五年四月十八日，我爲了促成蔡英文主席在訪日期間能與安倍首相會面，致函江口克彥參議員尋求幫忙，茲翻譯如下：

前略

陽春時節，日益健勝，可慶可賀。

我將於五月二日到五月七日赴台，將晉見李前總統稟告訪問京大事宜。江口先生若有口信或信函，我可以代為轉呈。

前些日子在電話中所談及的事（李前總統國會演講）有何進展？

蔡英文女士，在四月十六日，已正式成為民進黨角逐明年總統大選的候選人，今夏將赴美、日訪問，另一方面，在執政的國民黨裡，目前還找不到足以和蔡女士匹敵的候選人，所以我認為，此次蔡女士的美、日之行將備受矚目。

蔡主席的對中政策似乎在訪問美、日後才會有所決定。我認為，此次蔡主席訪日時，若能與安倍首相直接會談，對未來的日、台交流一定大有助益。

長久以來，作為台灣友人的江口先生，總是盡心竭力地協助台灣，真是說不盡的感激。

今後，衷心期盼江口先生，能為未來的台灣總統蔡主席及早在日本建立溝通的管道。並誠心祝禱江口先生健康活躍。

二〇一五年四月十八日

大田一博（王輝生）敬具

致　江口克彥先生

六、國會演講或訪問京大——魚或熊掌的取捨

二〇一五年三月初，江口克彥參議員知悉我與柏久教授正在穿梭聯繫李前總統訪問京大事宜，所以慎重地電告我，他正在秘密籌劃李前總統蒞臨日本國會演講的大事，當

時全日本，包括我在內，只有三個人知悉此事，要我三緘其口，並要求我籌謀訪問京大之事，盡量低調行事，以免打草驚蛇而因小失大。

我信守然諾而守口如瓶，然而，爲了促成李前總統訪問母校京大，奮鬥了十五年，終於面見京大總長而且訪問之事也有了眉目。李前總統如果訪問京大，接著又前往日本國會演講，茲事體大，日本政府恐怕抵擋不了來自對岸的壓力。兩件大事，同時進行或有所取捨，我無法獨斷，只好於四月二十三日用傳眞稟呈，靜待裁示。

當天（二十三日）馬上收到李前總統日籍顧問早川先生的回函。茲翻譯如下。

大田一博先生：

經常承蒙幫忙。

有關於京都大學訪問的事情，李總統表示：「目前台灣正面臨憲法改正及明年的總統大選，必需對應的問題多如山積，我想優先處理這些事情。」

至於，訪問京都大學之事，只好暫時擱置觀察，我想等待適當的時機再作適切的判斷。

大田先生和柏先生的盡心竭力，衷心感謝。但，總統本人尚須選擇適當時機，而加以判斷。敬請賢察並請多加指教。

首先用急筆回覆。

二〇一五年四月二十三日

李登輝前總統辦公室/李登輝基金會

日籍顧問　早川

第六章
日本國會演講及蔡英文主席接棒訪日

一、暫停訪問京大，全力聲援國會演講

面對京大訪問或國會演講，李前總統「兩利相權取其重」，選擇擬赴國會演講。所以，我與柏久教授籌劃多時的京大訪問，只好暫時偃旗息鼓。

江口參議員告知我，演講主辦單位針對日本參、眾兩院的國會議員們，將於七月七日在中國北京紀念完七七事變七十八週年的盛大集會後，擬用郵寄的方法正式發出「恭請台灣前總統李登輝先生蒞臨國會議員會館演講」的邀請函。

李前總統蒞臨日本國會演講之舉，勢必觸痛中方的敏感神經，也將影響台、日、中的互動，而當事國的台灣不可不在事先未雨綢繆。

引薦江口先生與賴清德市長見面，並託賴市長轉呈致蔡英文主席私函。

由於公布在即，我深怕對李前總統較友善，及對台日交流一向積極熱衷的台灣在野黨（民進黨）措手不及，又不敢用其他郵電方式示警。正苦無良策之際，剛好台南的賴清德市長於六月廿七日前來大阪推展觀光（主持華航台南、大阪直航儀式），趁機稟告此事並引薦江口先生，而且，將此次江口先生精心籌劃的經過，修函委託賴市長轉呈民進黨的蔡英文主席。

二、期待永田町的阿輝伯演講

爲了替李前總統行前加油打氣，我於七月十六日在《自由時報》的「自由廣場」發表一文：

〈**期待永田町的阿輝伯演講**〉

在日本擁有上百萬粉絲的李前總統，獲得日本參、眾兩院的肯定，將於七月廿二日前來日本國會議員會館演講。這是台灣政治領袖前所未有的殊榮。

日本多黨林立，政爭頻繁，尤其最近又為了修法問題，劍拔弩張之際，要貫穿朝、野兩黨，縱橫參、眾兩院，讓議員們能暫停干戈、同坐一堂，聆聽李前總統演講，更是難上加難。然而，在台灣友人們的精心策劃及鍥而不捨的努力下，短短數月內，就順利地把李前總統推上永田町的國會之路，這完全是李前總統個人的魅力，加上多年來在廣大日本人民心目中所建立起來的崇高聲望所致。

一向尊敬強者、崇拜英雄的日本人，只要聆聽過李前總統的演講，都如磁吸般地成為他的忠實支持者。加上李前總統長年來汲汲經營台日交流，累積不少人脈，這次以逾九秩高齡，將在代表日本權力中樞的永田町展露台灣領袖風範，值得海內外國人期待，也請不要忘記給他掌聲！

二〇一五年七月十六日

王輝生　敬上

三、熱烈歡迎台灣人間國寶

我爲了聲援李前總統訪日，在七月十八日分別用中、日文投書台、日媒體：

〈熱烈歡迎台灣人間國寶李前總統登輝蒞臨日本國會演講〉

在日本擁有上百萬粉絲的李前總統，獲得日本參、眾國會兩院一致的肯定，成為兩院的貴賓，將於七月廿二日踏入象徵日本權力中樞的永田町向日本國會議員們作公開的演講。對台灣而言，這是台日有史以來，前所未有的殊榮。對日本而言，一個口操流暢的日語，博學多聞、曉古通今的學者型哲人政治家，全身瀰漫著「武士道行俠仗義精神」的台灣前總統，在日本向參、眾兩院的國會議員諸公們循循善誘地侃侃而談，這在日本也是史無前例的「壯舉」。

日本多黨林立，政爭頻繁，尤其最近為了修法問題，朝野尖銳對立，劍拔弩張、正鬧得不可開交之際，要貫穿朝、野兩黨，縱橫參、眾兩院，取得大家的共識，是件千辛萬難的艱困任務，而要讓這些彼此間爾虞我詐、正爭鬥得面紅耳赤的議員大人們暫停干戈，心悅誠服地同坐一堂，共襄盛舉，更是難上加難。然而，在台灣友人們的精心策劃及鍥而不捨的努力下，短短數月內，就水到渠成般順利、成功地把李前總統推上永田町的國會之路。這完全是李前總統個人豐功偉績的魅力，加上多年來在廣大日本人民心目中日積月累所建立起來的崇高聲望即時發揮作用，形成壓力，而能以致之。

由於稟賦身為台灣人的悲哀，李前總統在廿二歲前，無可奈何成為日本的國民，身受日本高等教育，與日本人民能水乳交融般靈犀相通。所以，面對日本人時，他總能行雲流水般很自然地表達出他的滿腹經綸。一向尊敬強者、崇拜英雄的日本人，只要聆聽過他演講的人，都不約而同地馬上如磁吸般成為他的忠實支持者。由於他的母語是台語，啓蒙語言是日語，廿二歲起才開始學習新語言（中文），所以在變成中文圈後的台灣國內，反而有時未能達到同樣效果，這也是身為台灣人的另類悲哀。

在此國際情勢詭譎多變、風雲莫測的敏感時刻，果真，李前總統龍形虎步地踏入冠蓋雲集的日本永田町，縱橫捭闔，並在國會成功公開演講，此舉，勢必牽動台、日、中三國的敏感神經，所可能引起的波瀾，肯定會是滔天巨浪，難得日本政府有此膽識及自信，胸有成竹地展現出泱泱大國之氣魄，實令人敬佩。

李前總統長年來汲汲經營台日交流，始終不斷地在台日雙方苦心孤詣深耕播種，雖然宿疾纏身，在其垂暮之年，還風塵僕僕往返台日之間。當他頂天立地高舉台灣大旗，自信滿滿地在代表日本權力中樞的永田町，抬頭挺胸、昂首闊步展露出台灣領袖風範時，請國人不要忘記給予他應得的掌聲。為了捍衛台灣的權益及子孫們的幸福，已經九十二歲高齡的李前總統，無視周遭的荊棘，也不顧滿地泥濘，仍然抱病奮不顧身勇往直前，有如風前殘燭般不斷燃燒自己，不但照亮了台日交流的康莊大道，也給台灣人指引了一條光明之路。這位在國內外都能發光發熱，台灣碩果僅存的人間國寶，當他聲嘶力竭地在日本國會為台灣發聲、搏命吶喊時，心懷台灣的海內外同胞們，請多些疼惜及關懷。而惡意詆毀他人者，也請捫心自問，您自己為生您養您的台灣，可曾做過任何的回饋？對於這三個多月來，不眠不休，不畏風雨、甘冒矢石、奮鬥不懈終能促成此事的台灣之友們，謹致上最高的敬意。天佑台灣。

二〇一五年七月十八日

日本醫療法人輝生醫院　理事長　王輝生　敬上

【台湾人間国宝　李前大統領の日本国会での講演を大いに歓迎する】

日本にも多くのファンを持つ李前大統領は国会両院の招請のもと、来賓として七月廿二日国会で講演する。台湾にとって有史以来の喜ばしいことである。流暢な日本語に加え、古今の学問に博識をもった学者タイプの哲人政治家で、全身に「武士道精神」をみなぎらせた前大統領は、両院の議員と率直な談話を交わすことになる。これまでに前例を見ない「壮挙」である。日本は多党が林立し政争に忙しい。なかでも最近の法改正問題では、朝野の対立が先鋭化し議論を深めることが難しい。この時にあって政党を問わず両院での共通認識を得ることは大変難しい。策略が行き交う議員達にあって、暫しの休戦のもと、一堂に会しての講演を成功させることは殊更に難しい。しかし、台湾の友人たちの並々ならぬ努力のもと、数ヶ月の短期間ののちに、李前大統領を順調に永田町の国会の道に押し上げた。李前大統領個人に備わった魅力であると共に、多年にわたり広範囲に日本人の心の中に脈々と培われた高い声望が、ここに至って力を発揮することになった。台湾人の悲哀を身をもって知る李前大統領は22歳まで日本国民であり、日本の高等教育を受け、心のひだに分け入った会話が交わせる人である。日本人と話をするときには、すらすらと極自然に自分の思いを伝えることができる。つわものを慕い英雄をたてまつる心を持つ日本人は、講演を聴けば誰しもが期せずして忠実な支持者になるに違いない。母語を台湾語に持ち、教養語は日本語である。22歳にして始めて新言語（中国語）を習った。中国語圏に変わってしまった台湾では、逆に先に述べたような効果を発揮できない。これもまた台湾人の別の悲哀といえよう。

国際情勢がはげしく変化し、先行きを予測しづらい現在にあって、李前大統領が堂々と永田町に歩を進め、臨機応変に対処し、国会での公開講演を成功させることは、必ずや日、台、中三国の敏感な神経を刺激するに違いない。引き起こされるさざ波は巨浪となって、日本政府のもつ度胸と見識および自信、筋を通した展開は大国の気魄を見せて、国民を敬服せしめるに難くない。

李前大統領は長い間に渡って日台交流に尽くした。常に日台双方において根底からの理解を得られるよう、病身を省みず、命を終えんとする時にあっても日台の往復に勤しんでいる。空高く台湾の大旗を掲げ、自信に満ちて日本の権力機構の中枢である永田町を胸を張って闊歩する様は台湾の指導者の風貌を余すことなく示す。この時には台湾人は拍手で答えることを忘れてはならない。台湾の権益と子孫の幸福を守るために、すでに92歳になった李前大統領は、困難をもろともせず泥濘（ぬかるみ）の道を歩み、病を押して前進してきた。ロウソクが燃焼して消えていくことで周りを照らすように、日台交流の大道を照らし台湾人に進むべき道を指し示してきた。国内外に良く知られた台湾の希にみる人間国宝とも言うべき人物が、日本の国会で力の限りを尽くして台湾のために声をあげ訴える時には、台湾に関心を抱く内外の同胞は配慮の程を願いたい。悪意をもってそしる人は、己の生まれ育った台湾に対して過去にどのような「贈り物」をしてきたかを、胸に手をあてててかえり見られたい。この三ヶ月来、不眠不休で風雨を恐れずに戦場に立つ気持ちでこの事に奮闘してきた台湾の友人等に最高の敬意を表したい。台湾に天の加護あれかし。

二〇一五年七月十八日

医療法人輝生医院　理事長　王輝生（大田一博）

四、昂首闊步踏上永田町

七月廿一日，李前總統安抵日本，我特別爲文慶祝並投稿台、日媒體，爲李前總統明天踏上永田町而蓄積能量。

〈昂首闊步踏上日本永田町的台灣前總統李登輝先生〉

七月廿二日，李前總統將堂堂正正、昂首闊步踏上代表日本權力中樞的永田町，接受日本參議院及眾議院兩院的邀請，向國會兩院的議員們公開演講。當他以台灣前總統的身分，龍形虎步地走入會場的那一刻，就會在台日交流的歷史上深深烙下史無前例的第一步腳印。

在日本永田町向國會議員們作過演講的人物，都是世界上著名的政要，如美國柯林頓、布希總統、南非曼德拉總統、韓國金大中總統、中國溫家寶總理等。但他們都是透過翻譯、作表敬式的演講。而以流暢日語、全身又散發濃濃「武士道行俠仗義精神」的迷人氣息，向台下議員諸公用扣人心弦的日本腔、鏗鏘有力的東洋調，侃侃而談，展現出來自台灣學者型哲人政治家的領袖風範，這種場景，在日本是空前，想必可能也是絕後。

由於時代的悲劇，造成台灣人命運的坎坷，廿二歲以前的李前總統無可選擇地成為日本人，接受日式教育，所以很自然地與日本人能水乳交融般靈犀相通，更能精準觸知日本民意的脈動。當年台海危機勃發，對岸恫嚇連連，國內又因總統大選而鬧得紛紛擾擾，一時，台灣人心惶惶，於千鈞一髮之際，掌舵者的李前總統卻氣定神閒地指揮若定，在「兩岸猿聲啼不住」時，所駕的「輕舟已過萬重山」，化險為夷渡過驚濤駭浪。這種舉重若輕的長者氣度及臨危不亂的領袖本質，讓崇拜英雄的日本人民神往不已，他屢次訪日，多場的演講，所掀起的旋風，造就了今天他在日本人心目中無比的魅力，擁有上百萬的日本粉絲，是任何日本政治人物不敢輕忽的台灣人間國寶。

台日一衣帶水、唇齒相依，台灣與日本有過五十年的共同歷史，台日交流頻仍，在李前總統等知日世代的勤耕播種下，所撒下的友台種子已逐漸在日本各地萌芽，李迷們北起北海道、南到沖繩，遍及日本全國各地，台日兩國的人民、對彼此間的好感度也直逼九成，冠居全球。三一一東日本大地震時，來自小小的台灣，居然捐款高達二百億日幣以上，居各國之冠，這份深情厚意，迄今日本人民仍然感念於心、永誌難忘。此次新北市發生粉塵爆炸事件，日本「集中治療醫學會」及「日本醫師學會」基於救病在於救急的精神，尤其燒燙傷的急救更是分秒必爭，所以在第一時間，馬上決定迅速派遣醫師及人工皮等物資緊急赴台搶救。

由於國際局勢瞬息萬變，近年中國快速崛起，而且動作頻頻，引起美日戒心，台灣的地位無形中水漲船高，台日原本是命運共同體，日本人深知唇亡齒寒的道理，喪失了台灣的屏障，日本就毫無安全可言。所以，為了面對未來，日本的有識之士開始認真嚴肅思考台灣的安保問題。制定台灣關係法的討論也開始檯面化。而為了緬懷過去，中國也正緊鑼密鼓籌備對日抗戰七十週年的九三大閱兵。在此敏感時刻，當來自台灣的前總統，頂天立地、抬頭挺胸地出現在冠蓋雲集的日本永田町縱橫捭闔高談闊論時，可能會觸痛某些「不樂見台日水乳交融」國家的敏感神經，而做出不理性的動作，甚至，在這七月炎暑，颳起煩人的焚風或掀起滔天的熱浪。怕熱就不會進廚房，主辦單位顯然已經胸有成竹、老神在在，相信也有了萬全的對策。只是，台灣船小舟輕，乞求上蒼，希望李前總統能在風平浪靜中、一帆風順完成首航的艱辛任務。也請心繫台灣的鄉親們，當李前總統頂著七月豔陽天，揮汗如雨、聲嘶力竭地在日本國會為台灣而搏命吶喊時，請不要忘記給予他您深深的祝福，因為他是一位宿疾纏身、已屆九十二歲高齡的恂恂長者及台灣的人間國寶。

天佑台灣。

二〇一五年七月廿一日

日本醫療法人　輝生醫院 理事長　王輝生　敬上

【堂々と日本の永田町にやってくる台湾李登輝元総統】

7月22日、台湾の元総統である李登輝氏が日本の衆参両議院の招待を受け、国会で演説する。台湾の元総統という身分で、日本の国会で演説をすることは、台湾と日本の交流の歴史においても前例のない出来事である。日本の国会で演説をしたのは、アメリカの大統領のクリントンやブッシュ、南アフリカのマンデラ大統領、韓国の金大中大統領、中国の温家宝首相など世界的に有名な政治家がほとんどであった。ただ、彼らは全て通訳を通しての演説であった。しかしながら、李氏は日本の「武士道的な精神や気構え」を熟知し、さらに台湾の学者気質や哲学的政治家の気構えを醸ち、紳士の趣を持って、流暢な日本語で演説をする。これは日本の国会においても前代未聞の「壮挙」である。台湾人の運命は順調ではなく、李氏も22歳までは日本人としての教育を受けており、そのため日本のことはよく知っている。台湾海峡の危機の時、台湾の人たちは大変不安となったが、その時に台湾の舵取りをしたのが李氏である。この状況を李白の詩にある「兩岸猿聲啼不住」「軽舟己過萬重山」のように泰然自若に何事もないように対応をし、あっという間に危機を脱してしまった。このような態度や物腰から、度重なる来日及びその際の公演を聞いた日本人は、李氏の魅力に魅了され、日本での支持者も増えている。

台日は「唇齒相依」のように密接な関係にあり、50年以上の共同の歴史があるので、台湾と日本の友好は以前から種がまかれている。そのため、台、日両方の世論調査では、お互いの好感度は九〇％近くある。3月11日の東日本大震災の時台湾はいち早く200億円以上の寄付を集めて日本に送った。そのため日本人も深く感謝をしている。新北市で本年の6月27日に起きた爆発事故の際、日本の「集中治療医学会」及

「日本医師学会」等が人工皮膚など火傷の治療に必要な医療器具や医師の派遣などを迅速に実施してくれた。

現在、国際情勢は急速に変化している。中国は、日米の警戒心を高めるような活動をしており、台湾の国際的重要性も「水が増えると船が高く浮ぶ」の如く益々高く評価されてきている。台、日は運命共同体と言え、日本人も「唇を失えば歯が寒くなる」という成語をよく知っていて、自然の盾の様に日本を守ってくれている親日的な台湾を失えば日本の安全も危なくなる。日本の有志の方による台湾関係法の制定も討論が始まっている。

中国は過去の記憶を大切にするために、抗日戦争勝利70周年記念式典パレードを9月3日に開催する。この国際情勢の敏感な時期に、台湾の元総統の李氏は、毅然とした態度で、正々堂々と日本の国会で演説をすることは、ある国の神経を刺激することは言うまでもないであろうし、問題を起こすのではないかと思う。「熱を怖がるなら厨房に入らない」で、主催者がこのことを踏まえ、きっと万全の対策があるはずだと思う。しかしながら台湾は小さくて軽いボートの様なものであるので李元総統がスムーズに、無事に講演を成功させられる事を心から祈っている。

李元総統は、現在92歳の高齢で、心臓病などの持病が有り、体調も優れないのにもかかわらず、台湾の爲に汗を流しながら、一所懸命に国会で講演している時に台湾を愛する台湾人は是非李氏への感謝と祝福を忘れない様にお願いいたしたい。

台湾に天のご加護を

二〇一五年七月廿一日

日本医療法人 輝生医院

五、國會演講的幕後功臣──江口克彥參議員

二〇一五年七月廿一日，李前總統及家人（包括媳婦、孫女、二位女兒及女婿）一行抵達東京，當晚，籌劃此次演講的李前總統摯友江口克彥先生率同家人，設宴爲李前總統一行洗塵，也爲隔天的重要演說暖身。

演講是由「實現李登輝先生演講．國會議員之會」具名邀請，該會是爲此次的演講臨時組合而成的，成員包括麻生太郎副首相、下村博文文部大臣、岸信夫眾議員等執政黨議員及在野黨議員，共有四十人參加。

由於此會橫跨朝野各黨，又縱貫參眾兩院，當時朝野正爲修法問題而劍拔弩張，所以曾經當過「日本經營之神」松下幸之助特別助理二十二年，並奉命籌創「松下政經塾」的前「PHP綜合研究所」社長江口克彥參議員，成爲關鍵人物而舉足輕重。因爲他桃李滿天下，人脈豐沛，所以在起心動念後，登高一呼，馬上就發揮作用，有了他的居中協調、穿梭聯絡，在短時間內，化不可能爲可能，實在功不可沒。

江口先生在東京恭迎李前總統。

江口先生家人與李前總統。

江口先生設宴為李前總統家族接風。

六、首位在日本國會演講的台灣領袖

二〇一五年七月廿二日，來自台灣的李登輝前總統昂首闊步踏入代表日本權力中樞的永田町，在國會議員會館發表留下歷史記錄的鏗鏘有力演說。這是有史以來日本國會議員集體邀請台灣政要蒞臨演講的第一人，也是台灣領袖首次在日本國會殿堂的演講。

有二八六位超黨派的參、眾議院議員及一七六位秘書，共四六二人躬臨盛會，讓只有四百個席位的會館爲之爆滿。這位全身洋溢著武士道精神的台灣領袖，用流利的日語向這些當今日本政壇的菁英們，以「台灣的典範轉移」爲題，藉用美國史學家孔恩（Thomas Kuhn）的典範轉移（paradigm shift）概念，行雲流水般將三大主題「台灣人的認同」、「中國政治特性」、「台灣的自由民主成就」很自然地連貫一起，娓娓道來。而且，李前總統本人橫跨日治時代及中華民國統治時代，如今，已經很少有人能以親歷者的身分鋪陳這段歷史。所以，言者諄諄善誘，聽者津津有味。

李前總統認爲，「台灣意識」是歷經不同時期的外來政權統治、少數駕馭多數、統治者與被統治者的矛盾對立及族群鬥爭，所激發出來的產物。

戰後統治台灣的中華民國，和歷代的中國政權如出一轍，都是從黃帝、堯、舜、

二〇一五年七月廿二日李前總統應邀蒞臨日本國會以「台灣的典範轉移」為題公開演講，有二八六位跨黨派的國會議員及一七六位的國會秘書共襄盛會。這是有史以來第一位在日本國會公開演講的台灣領袖。

夏、商、周，一脈相承的法統思維下的產物。其特性是藉由繼承道統來建立自身的合法性，這種以古爲師、唯古是尊的「託古改制」思維，使得中國歷朝歷代的改革都以失敗收場，幾無善終，以致中國歷代都無法眞正改革，所以自古以來，中國式改革，正確的說法應該是「託古不改制」（換湯不換藥）。

台灣政治發展的軌跡，是一種嘗試擺脫中國歷史發展的停滯狀態及掙離舊有法統窠臼的過程，用民主改革、注入新思維，來建立具有主體性的新體制。台灣的經驗是從「少數族群威權統治造成族群對立」的舊典範，取而代之，成爲「民主機制多族群共存社會」的新典範，李前總統稱之爲「脫古改新」。

李前總統在演講中指出，他現年九十二歲，就算高估一點，他能爲台灣效勞的時間大概只剩五年了，爲了替子孫們打造更成熟的民主社會，他要把餘生獻給台灣。

茲將李前總統在日本國會的演講全文（原文日文）記述如下：

〈台灣的典範轉移〉

文部科學大臣下村博文先生、岸信夫眾議院議員等先進，以及齊聚會場的諸位國會議員、秘書，大家好！我是來自台灣的李登輝。

今天，有機會在國會議員會館發表談話，感到非常榮幸。我想利用這個難得的機會，跟各位談談台灣如何建立主體性的過程，從中國式的「託古改制」到台灣式的「脫古改新」這種典範轉移，以及台灣今後應該推動的「第二次民主改革」和憲改。

一九二三年，我出生在台灣北部的淡水小鎮，接受完整的日本教育長大成人。從少年時代到高中時代，有機會廣泛接觸各國古今先哲的典籍和言論，這是當時日本教育重視教養的良好遺產，我到現在還是感謝這種教育。

我在京都大學求學，後來只是一介研究農業經濟的學者。但是，緣於意料之外的偶然，蒙受後來擔任總統的蔣經國注意，他希望重振衰敗的台灣農業，我就因此踏入了政治圈。

料想不到的是，一九八八年擔任副總統的時候，由於蔣經國猝逝，結果讓我當了十二年的總統。這個偶然的機遇，我決定全力為台灣打拚，工作上自我勉勵，期待早日確立台灣的主體性，並提升台灣人的尊嚴。

一九四五年，統治台灣的外來政權日本，在第二次世界大戰中戰敗，被迫放棄台灣，台灣因此被戰勝國盟軍指派蔣介石接收占領，開啟另一個外來政權「中華民國」的統治。

當時台灣所處的環境是，從強調「天下為公」的「大日本帝國」，突然轉變為標榜「天下為黨」的國民黨「中華民國」，新舊外來政權就在台灣進行交替。日本統治不過五十年，台灣就進入現代化社會，但突然由一個文明還不如台灣的新政權統治，當然會造成政治和社會的嚴重混亂。

突然間，人民對腐敗的國民黨爆發不滿，遭受武力鎮壓的二二八事件，原因就是台灣與中華民國兩種不同「文明的衝突」。

台灣數百年來都是被外來政權所統治。一九九六年，台灣第一次由人民直選總統，正式脫離外來政權的統治。日本人統治的時候，學生在教室講台灣話就會被罰跪，日本人走了，國民黨政權來了，台灣人還是受罰。我深深體會到「生為台灣人的悲哀」。

總而言之，過去的外來政權如日本時代，台灣人和日本人相比就有差別待遇，但是頌揚台灣「回歸祖國」的中華民國，雖然把台灣人稱為「同胞」，但台灣人還是存在奴隸般的狀況，台灣人無法努力邁向自己的前程，也不能開創自己的命運。所以，台灣人之間便湧現「台灣人是什麼？」這樣的疑問。

日本統治時代的台灣人，學術上稱為「邊緣人」（marginal man），也就是說，雖然屬於不同的複數集團，卻無法完全歸屬於任一集團，而是處於各集團邊界的人，沒有個人尊嚴。

然後，二二八事件爆發，台灣人開始徹底反省自己是什麼？同時，台灣人應該建立自主政權而非外來政權的主體性。若非如此，台灣人就不能作為有尊嚴、獨立性的人。透過這個過程，就是自覺為「新時代台灣人」的省悟。

在此意義上，「台灣人」之所以能夠建立穩固的「身分認同」，可說是外來政權統治下的產物，因為外來政權的統治，正是確認自己是「獨立台灣人」這種絕對意識的契機。

戰後統治台灣的國民黨中華民國，也是外來政權，而且，中華民國和中華人民共和國，都是中國歷史從黃帝以降的夏、商、周到明、清一脈相承的帝國體制。

這個體系被稱為「法統」，是正當繼承政權之意。這個法統之外，就是化外之民、夷狄之邦。五千年歷史的中國就是「一個中國」的歷史。

而且，這些帝國都一樣必須修正託「古」制度這種「託古改制」的思想。

現在的中華民國、中華人民共和國，都是中國五千年歷史的延伸，在我們看來，中國只是進步與退步不斷重複的政體。所以，德國社會學家馬克思・韋伯以中國為模型，提出「亞洲式發展停滯」的理論，並非沒有道理。

孫文建立的「中華民國」，是一個具有理想性的新政體，可惜因政局混亂，理想無法實現，基本上還是延續中國法統的政體。中華人民共和國，雖然源頭來自蘇聯共產黨，但是既然在「中國」這一塊土地上建國，還是無法脫離中國文化的影響。

共產革命帶給中國的，不是讓中國擺脫亞洲式的發展停滯，也不是擺脫中國，而是一種中國傳統霸權主義的復活，以及癡心妄想皇帝制度的重現。

中國的五千年歷史，都是在一定空間和時間之中，一個朝代與一個朝代的連結體，就算是新朝代，也只是上一代歷史的延長而已。歷代皇帝大多忙於鞏固權位、開疆拓土和掠奪財富，很少為政治改革而努力，這就是所謂的亞洲價值（Asian Value）。

中國歷史上雖然也有幾次政治改革，可惜都失敗了。就整個帝王統治過程來看，每個朝代無疑都在玩「託古改制」的把戲。所謂的「託古改制」，其實應該說「託古『不』改制」比較貼近事實。

面對這種五千年的封閉帝王政體，魯迅曾有如下看法：「這是被囚禁在幽靈圍牆中，循環演出的戲劇；亦是在古國之中，螺旋前進的無聊表演。」

對於中國人的民族性，魯迅說得更精準，他說：「中國人不只『爭亂不為首謀』、『禍患不為元凶』，而且還是『幸福不為先達』。所以，所有事情都沒有辦法進行改革，沒有人願意扮演先驅者與開創者角色。」我認為魯迅的觀察相當精闢。

如前所述，中國法統的「託古改制」，顯然已經不被近代民主化潮流所接受。本人於是提出「脫古改新」的新思維，作為改革的方向。

「脫古改新」，目的在切斷「託古改制」餘毒的亞洲價值，擺脫「一個中國」、「中國法統」約束，開拓台灣成為具有主體性的民主國家。

現在就來談談一九八八年本人繼任總統時，台灣國家戰略的背景。

國民黨政權遂行威權統治，當時台灣正是亞洲價值觀的樣本。政權內部包含了保守與革新對立、封閉與開放對立、民主改革與獨裁體制衝突，以及台灣與中國（中華人民共和國）政治實體的矛盾等堆積如山的沉痾。特別是人民要求民主的呼聲正與日俱增。

綜觀這些問題，涵蓋範圍非常廣泛，主要問題在於使用一部不適合台灣現況的《中華民國憲法》。要解決這些問題，只有從修憲做起。

當時本人兼任國民黨主席，國民黨在國民大會占有絕對多數的席次，換言之，當時的國民黨是一部擁有絕對優勢的政治改革機器。

但是，問題出在國民黨內部的保守勢力。保守勢力緊抱著落伍憲法不放，不肯放棄「法統」地位，不肯順應民主改革的聲音，只想維持政權。而且，國民黨當權派死抱著「反攻大陸」的迂腐野心，妄想有一天拿回中國大陸。

於是我心生一計，制定《國家統一綱領》，設計出「中國實現自由化、民主化、所得分配公平化時，始協商統一」的嚴格規定。

我認為，中國落實自由化、民主化的日子遠在未定之天，如果真的走到這個階段，到時再來談這個議題會比較好。因為制定《國家統一綱領》，過去對我心懷疑忌的國民黨當權派才放心支持我擔任總統。

在一連串民主化過程中，我雖然經歷無數困難，但是終能在全體國人的支持下，以及維持經濟成長、社會安定的過程中，完成不流血的「寧靜革命」。

我常想「建立讓人民安枕無憂的社會」，擔任總統的十二年間，戮力以赴，終於打造出差強人意的民主社會，這是個人畢生的榮耀。

修改中華民國憲法，立法委員（國會議員）全部由台灣人民選出，還有人民直選總統，都陸續獲得實現。

接下來，台灣不但打開民主大門，同時將「中華民國」推向「中華民國在台灣」的新位置。這時候，長期追求具有台灣主體性的政權業已成型。換言之，台灣已經朝向擺脫「一個中國」，以及終止「中國法統」的道路邁進，打破「亞洲價值」的神話。

而且，我們決不同意中國反覆強調「一個中國」、「台灣是中國一部分」這種主張。

為了解決此一歷史問題，消除對立因素，開創和平安定的兩岸關係，本人在一九九一年宣布終止「動員戡亂時期」，廢除臨時條款，停止國共內戰。互相承認對方為政治實體，台灣有效統轄台、澎、金、馬地區，中國有效統治大陸地區。

後來在一九九八年凍結台灣省，其實就是廢省。所謂的台灣省，是把台灣放在虛構與矛盾的位置，意指中華民國統治的廣袤大陸裡，台灣只是其中一個「省」。一旦處於這種狀態，勢將永遠讓國際社會誤解台灣與中國是同一國，本人主張台灣與中國各自存在，所以把台灣省凍結掉。

到了一九九九年，我接受德國之聲訪問，進一步闡釋台灣與中國的關係。對於該媒體事先送來的提問，新聞局草擬的答覆是「台灣是中華民國的一省」，對於這種不易理解的表達方式，我拿出鉛筆修正原稿，明確宣示台灣與中國是「特殊的國與國關係」，清楚劃分台灣與中國的界線。

我認為，為了台灣的長治久安，應該徹底釐清台灣與中國延續半世紀以上的曖昧關係。說個題外話，這個「特殊國與國關係」，是我從某位日本外交官的談話中獲得靈感而思考出來的表達方式。

台灣民主改革的完成，與中國關係的釐清，就是從「託古改制」轉移到「脫古改新」的過程，達成否定亞洲價值的目標，建立「新時代台灣人」的新概念；也就是，全面在價值觀上落實價值的轉換。

如果運用自然科學的概念，這種過程就是台灣的典範（架構）轉移。典範這個詞彙在日文中很難表現出來，或許可譯為「某個時代主導事務的思維方式和認知結構」。例如，直到愛因斯坦提出相對論之前，科學家都是在牛頓力學的架構裡從事研究，弘揚該理論。但是時代進步了，出現牛頓力學這種典範無法解決的例外情況，舊典範主導的現象開始動搖，新典範的愛因斯坦相對論於是取代舊典範，導致根本性的變化。

把典範概念置入台灣社會來看，一九八〇年代後期到九〇年代，台灣透過長期經濟繁榮、社會分配公平性的發展，打破了「少數統治下的族群對立」的舊典範，取而代之的是「多元族群共存社會」的新典範。

在政治民主化、權力本土化的變革同時，「大中國」這種虛幻的傳統意識形態遭受質疑，其結果，擁有主體性的「台灣認同」這種新典範就應運而生。

剛剛跟各位談到的是，台灣「脫古改新」這種歷史大業的成功，這是台灣的典範轉移工作。透過這個過程，台灣社會迎向新局面，進入民主社會的時代。但是，當時完成第一次民主改革的成果，近年來已發生很多瀕臨極限的情況。

一九八八年解嚴後，言論變自由了，國民黨的獨裁體制瓦解，二〇〇〇年完成政權和平轉移。透過這種方式，台灣成為邁向民主最成功的範例，經濟上也走向自由化與多元化。這些都是第一次民主改革的成就。

但是，這幾年的民主發展呈現疲態，顯露退縮的徵兆。政黨間產生喪失理性的無謂對立，領導人變成不踏實、沒有責任感的政治人物；司法失去公正性和人民信賴。第一次民主改革的成果已達極限，遭遇無法跨越的障礙。

民主化以後，二度政黨輪替的經驗，現在已暴露出民主體制的重大缺失。代議制度無法順暢運作，不能完全反映人民的心聲。政府不只追求國家和人民的利益，更有唯黨利是圖的現象。

而且，中央與地方政府沒有攜手合作，只要不著手新的改革，這種民主體制不但無法解決國家的重大問題，還可能引發更嚴重的問題。

社會上，特別是年輕人要求改革的聲音已經響徹雲霄。所以，台灣有必要推動憲改在內的第二次民主改革。

現行中華民國憲法雖然規定總統由人民直選，但憲法對總統的權力範圍卻沒有明確規範，完全端視總統個人民主素養和自制力的狀態。依照立憲主義「權力分立」和「權力制衡」的基本原理，理應對民選總統的權力設限。

去年三月發起的「太陽花學運」，讓台灣總統權力過度膨脹的問題清楚浮現出來。

當時，在馬英九總統的主導下，台灣與中國簽訂許多經貿協定，政府想用密室協商強渡關山，與中國簽訂「服貿協議」，從而引燃學生怒火，爆發占領立法院議場這種前所未聞的事件。

學生發起的示威遊行聚集了五十萬人，人民要求改革的聲音跟著大了起來。

另方面，應該推動「緊急權條款」的設計。日本也是一樣，東日本大地震發生已歷四年，為了加強救援速度和物資配送，有人指出未明定政府暫時性集權的「緊急權條款」是日本憲法的缺點，中華民國憲法也有相同問題。發生大規模自然災害的時候，為了避免憲法保障的空白現象，實有必要盡早加以改善。

如同剛剛跟各位所談，我在總統任內推動第一次民主改革，瓦解獨裁體制，樹立民主社會，這點可說已獲得成功。

這些成果，讓台灣成為亞洲民主國家成功轉型的代表，這是我一生的榮耀與驕傲，但是我不會沉醉在這種驕傲裡。現在，第一次民主改革的成果已經遭遇瓶頸，台灣真的有必要進行「第二次民主改革」了。

我現年九十二歲，就算高估一點，我能為台灣做事的時間大概只剩五年。為了打造更成熟的民主社會，我想把餘生獻給台灣。

今後，台灣和日本一樣，都會把自由民主的價值觀視為最高價值，台日攜手為國際社會的發展做出貢獻。懇請日本國會議員諸位先生，繼續對台灣表達關心。

謹以上述談話，結束今天的演講，感謝各位聆聽。

二〇一五年七月廿二日

李登輝

七、國會演講後的感想文

貴客遠從故鄉來，在僑居地發光又發熱，不但照亮了僑居國的國會殿堂，更點燃了僑胞熊熊的熱情之火，身爲旅日台僑，沾光蒙彩，與有榮焉，深受感動之餘，當天連忙趕寫一文爲之紀念：

〈李前總統在日本永田町搬走了「台灣領袖禁止通行」的絆腳石〉

在日本參、眾兩院近三百位國會議員們及一七六位秘書們的熱烈掌聲下，抬頭挺胸、龍形虎步地踏入國會議員會館演講會場的台灣前總統李登輝先生，七月廿二日在台日交流的歷史長路上，親自搬走了長久以來橫亙在日本權力中樞永田町入口、上面寫著「台灣政治領袖禁止通行」的絆腳石，樹立了一個嶄新的里程碑，隔日又與現役的安倍晉三總理會談，更為未來的台日關係開拓出了一條康莊大道。會場內鴉雀無聲的議員諸公們，幾天前才為了修法，而鬧得沸沸揚揚，朝野之間的爭鬥也方興未艾地由眾議院，轉向參議院，正如火如荼進行中。然而今天，為了聆聽這位來自台灣、令他們景仰的學者型政治家的演講，居然暫時收兵，卸下盔甲，換上禮服，大家齊聚一堂共襄盛舉，這在日本的國會史上也是絕無僅有的奇蹟。由於，不同於以往在此演講過的外國政要，上百萬李迷有組織地遍及日本全國各地，所以，代表民意最高機構的國會，絲毫不敢大意，出現在電視前的議員大人們更是小心翼翼，執禮甚恭地盛情接待。

李前總統是位深謀遠慮、高瞻遠矚的哲人學者，博學多聞的他引經據典，鞭辟入裡闡釋台灣如何走上主體性之道，當年，沒有腥風血雨的寧靜革命將台灣由獨裁帶向民主，過程驚心動魄，錯綜複雜，他抽絲剝繭般詳加剖析解說，加上抑揚頓挫的日式語調，鏗鏘有力的見解，將日本武士道精神在會場裡發揮得淋漓盡致。台上台下靈犀相通，言者諄諄，聽者動容，賓主盡歡，一場精采絕倫的演說，就在會場國會議員們全員起立拍手鼓掌下劃下了完美的句點。

台灣與日本緊鄰相依，五十年來共同歷史所留下的記憶軌跡，千絲萬縷般羈絆著兩國人民間的情感及命運。矗立在西太平洋的台日這二艘不沉的航空母艦，更是環環相扣，形成唇齒相依的命運共同體。今天，這位千錘百鍊、經驗卓著的台灣前掌舵者，乘長風破萬里浪，排除萬難有備而來，將其一生經驗學習所累積的智慧結晶，透過此次演講，贈送給「日本丸」現役及未來的掌舵者們。相信這份光芒萬丈的厚禮，能照亮指引台日交流的航向，更能讓台日友誼綠水長流。

二〇一五年七月廿二日

日本醫療法人 輝生醫院 理事長 王輝生

八、安倍首相親訪李前總統並獲贈「冷靜 謙虛」及「忍耐」的墨寶

七月廿三日早上，李前總統留守在首都東急飯店，而當天安倍首相與JR東日本的葛西敬之名譽會長，在同一飯店共進早餐。

安倍首相親自登門拜訪投宿中的李前總統，李前總統介紹女兒李安妮女士與安倍首相握手。背後伸手引介者是李前總統。

李前總統在東京的日本外國特派員協會召開記者會。

根據我的老戰友江口前參議院議員的說法，當天早上十點，李前總統與安倍首相有過至今仍然無人公開證實的「如期相會」，李前總統並當面贈送安倍首相肺腑之言的墨寶「冷靜 謙虛」，後來又追加「忍耐」二字。但兩位領袖究竟有無相會？面對媒體的質問，官房長官制式回答：「日本政府和李登輝先生的訪日沒有任何關係」，而李前總統則以「無可奉告」作答。非邦交國之間的台日外交，其奧妙精髓，盡在不言中。

下午，李前總統前往東京外國特派員協會召開記者會並發表

日本國會議員晚宴款待李前總統，日華議員懇談會平沼糾夫會長致歡迎辭。

演講。當晚並接受國會議員們的歡迎晚宴。

九、醫療與探災之旅

七月廿四日，李前總統專程前往福島縣的南東北總合醫院，參訪擁有世界最先端治癌設備的ＢＮＣＴ中心。ＢＮＣＴ（Boron Neutron Capture Therapy 硼素中性子捕捉療法）[1]是目前世界上最先進的治癌技術之一。

李前總統在醫院致辭時，感性地說（原文日文）：

「台灣人的死亡原因，第一位就是

李前總統赴岩沼市千年希望之丘慰靈碑前向東日本大地震受難者致哀。

癌症。

當年我要前往京都大學留學時，在行前，家人包括祖父、雙親在內共有八人拍了家族照。如今，照片中人只剩下我一人還活著，其他都死於癌症。我自己在二〇一二年也因大腸癌而動手術。

我希望能將此一世界最先進的癌症療法導入台灣。雖然，我以前曾經聆聽過京都大學小野教授及筑波大學熊田教授講解有關於BNCT的知識，但親眼目睹還是首次，覺得很高興，今天承蒙貴院的招待，衷心感謝。」

李前總統在廿六日又專程前往岩沼市千年希望之丘慰靈碑前，獻花向日本三一一東北大地震的受難者致哀悼之意。然後當天由仙台啓程返台。

1 BNCT治癌療法：將罹癌病人，事先注射只有癌細胞才會攫取的硼素化合物（Boron），使癌—硼，結成一體。再用得自反應爐的低能量中性子加以照射，當融入癌細胞中的硼素遇到中性子時，會產生核反應而爆炸，以達到滅絕癌細胞的目的。其爆裂的範圍僅及於一個細胞大小，不會殃及旁邊的正常細胞，而且只會選擇性地針對硼—癌結合體才會產生反應，所以放射線的被曝量不大，副作用小，可以無遠弗屆地運用在手術難以屆及的任何癌症。

中秋の候、貴会には益々ご清祥のこととお慶び申し上げます。

さて、今夏の私の訪日の際には、貴会会員の皆様と事務局の方々に一方ならぬお世話を頂きました。ここに改めて厚く御礼申し上げます。

また、この度は「李登輝前総統記念図書館募金」に、日本の皆様から多くのご浄財を賜り、誠に有難うございました。

皆様から頂戴した御厚意は、弊基金会で管理し、図書館建設の際には、日本李登輝友の会を通じて募金使途についてご報告する予定です。

台湾ではすでに来年一月の投票へ向け、実質的な選挙戦がスタートしています。台湾がより良い方向に進むよう、また日台関係がより緊密になるよう、私も努力している毎日です。日本の皆様には引き続き、台湾に関心をお寄せ下さるようお願い申し上げる次第です。

末筆ながら貴会の益々のご発展と、会員の皆様のご健勝をお祈り申し上げます。この度は誠に有難うございました。

二〇一五年十月一日

李登輝

登輝用箋

李前總統返台後，針對「李登輝前總統記念圖書館募金」之事，於十月一日寄信給日本李登輝之友會表示感謝。

十、蔡英文主席接棒訪日，象徵傳承

由於江口克彥參議員已具體告知我，二〇一五年七月下旬將邀請李前總統蒞臨日本國會演講的事情，已進入可以公開的階段，將於七月七日正式對所有的參、眾議院議員發出觀禮邀請函。所以，在江口先生的諒解下，我在六月廿七日修密函（我不敢郵寄、怕洩密），委託剛好前來大阪公幹的台南賴清德市長，轉呈蔡英文主席。七月六日突然接到民進黨吳釗燮秘書長的來電道謝，並說爲了籌劃蔡主席的訪日事宜可能會前來寒舍拜訪云云。

由日本國會自燃所燒起的李登輝熱，七十二天後，仍然餘溫猶存，蔡英文主席打鐵趁熱地接踵而來，使我油然想起去年年底，我赴台參加李前總統的生日晚宴，與會中的賓客們，在李前總統及蔡英文主席的面前，不約而同忘情高喊「傳承」、「傳承」，那種充滿黎民望治、熱情洋溢的誠摯呼喚，讓浪跡海外的我深深感動，言猶在耳，所以當欣聞蔡主席將於二〇一五年十月六日訪日，我就在十月四日在海內外發表一篇歡迎文。

〈熱烈歡迎蔡英文主席蒞臨日本〉

欣聞蔡英文主席將於十月六日蒞臨日本，作為期四天的訪問，望穿秋水的日本台僑們無不歡欣鼓舞，並期待有加。日本在上個月剛通過「安保法」，歐習會也才剛結束，且台灣的總統大選正進入白熱化的敏感時刻，此時的來日意義非比尋常。

台灣執政的國民黨，財大氣粗、兵多將廣，可惜，「良駿敗於拙御」，由於今上領導無方、執政不彰、民生凋弊，以致，去年九合一大選大敗，而且從此一蹶不振。五都中碩果僅存的朱立倫萎縮在新北市療傷止痛。寒燈無焰、敝裘無溫，四海變秋氣、一室難為春，有如驚弓之鳥的朱市長就是有心也無力可回天。加上，載震主之威、挾不報之功，雖然勉強當上國民黨主席，卻，遭今上剪枝去葉、本根俱露，而自己又宣布明年大選後將辭去黨主席，以致，提前成為跛腳主席，所以他在黨內的枯槁已可立而待，成為史上最弱的國民黨主席。

而面對明年的總統大選，有實力的天王們，各懷鬼胎、機關算盡，自覺難攖蔡主席之鋒，或怯戰、或受迫而裹足不前，洪秀柱拋磚引不出玉，假戲真作、以磚代玉、披掛上陣，代表國民黨角逐總統大位。但，畢竟綽號小辣椒的她，枳棘之林無樑柱之質、涓流之水無洪波之勢，短繩汲不了深井，嗆辣有餘、見識不足，「非才而據、咎悔必至」，所以，雖然伶嘴利牙，但，尖口薄舌、樹棘得刺，丈八燈台照見人家照不見自己，屢屢自曝其短又得罪同志，想參選的同黨立委們苦不堪言，避之若浼。

如今距離大選只剩三個多月，而執政黨卻出現三個太陽及吳、王兩霸，多頭馬車，殊途不同歸，各尋各自門，內鬥方興未艾，常常前方作戰，後方縱火，蠹啄剖樑柱，來自黨內抽樑換柱的傳言仍然甚囂塵上，不絕如縷。

加上，國民黨榮譽主席「連戰不知亡國恨，隔岸猶唱後庭花」，唱合，遭中共篡改的抗戰史實，更寡廉鮮恥地登上天安門，去校閱一心一意想解放台灣的解放軍。而閱兵台的台前江山、樓台鼓角，盡是國民黨先賢先烈的血和淚，血跡淚痕猶存、國仇家恨未了。晚節不保的連戰，他的醜態引起舉國嘩然，而身為國民黨中華民國總統候選人的洪秀柱，卻仍然狀況外以「一中同表」及「不能說中華民國存在」的謬論來互相呼應，以致藍軍選票大量流失，民進黨反而成為捍衛中華民國的中流砥柱。原本選情低迷的柱姐更是雪上加霜，民調直直落，黨中央及同黨立委們心急如焚，都想陣前換柱，卻苦無良策，只好眼睜睜看著柱姐帶著國民黨的老招牌，在黃昏路上踉踉蹌蹌、一步一步地走上萬丈深淵的不歸路，而不知所措。

「彩虹餘雨散，鴉帶夕陽歸」，百年老店的桑榆晚景竟是如此的蒼茫昏暗，眞讓人不忍卒睹。明年大選國民黨如果慘敗，那麼淪落成「枯藤、老樹、昏鴉、小橋、流水、人家，古道、西風、瘦馬，斷腸人在天涯。」般的淒涼肅殺場景及昏鴉、瘦馬的下場將會更令人不勝唏噓。

七年前民進黨失去政權，負債累累，天王們灰心喪志，主席位置成了燙手山芋，乏人問津，蔡主席不計毀譽，臨危受命，一肩挑起力挽狂瀾的重責大任，當時黨内派系林立，海鹹河淡、各有其味，龍虎鷹梟、鱗潛羽翔各據其所。蔡主席卑以自牧，豁達大度以廣納百川，衣不求華、食不厭蔬，以身作則的想方設法以開源節流，俾資挹注以補苴罅漏，終使民進黨的財務轉虧爲盈，而恢復生機並重燃信心。然後在她卓越的領導統御下，春露秋霜、剛柔並濟地發號施令，雲行雨施，一步一腳印將民進黨帶出幽谷遷於喬木。

「人從虎豹叢中健，天在峰巒缺處明」，百練成鋼的她，造就了光風霽月般的灑落胸懷。三年前的總統大選，面對整個國家機器，排山倒海般抹黑打壓而不幸敗北，但，不怨天尤人，不遷怒也不懷憂喪志，毀譽不動、得喪若一，這種臨大事而不亂，舉重若輕的淡定精神，濃濃地沁入那場扣人心弦的敗選演說中，讓我感動得潸然淚下而且肅然起敬，至今仍然印象深刻。

蔡英文主席那次敗選後，揮一揮手，不帶走一片雲彩，下台的身影更是瀟灑磊落，「靈龍蟄伏不恥汙泥，凰凰于飛不羞卑棲」辭去主席後的她，養精蓄銳、深耕基層、探尋民瘼，累積了不少能量。因爲她對民進黨有過補天浴日的再造之功，加上，「江東子弟仍猶在，肯爲君王捲土來」所以，一復出就山鳴谷應、風起雲湧。

現在的民進黨已經今非昔比，其執政的人口超過台灣半數，而且，各縣市的執政團隊中，不乏龍蟠鳳逸之士，都是安邦定國、救危扶傾的台灣棟樑人材。在蔡主席的領導下，個個生龍活虎、氣勢如虹，而且已經準備就緒，有若蓄勢待發的駟馬駕輕車就熟路，隨時都可以上場奔馳，接手執政。讓喁喁望治，厭倦藍綠惡鬥，期待族群融合，以落實台灣生命共同體及維持現狀的共識，早日實現的海內外台灣人，看到了希望的曙光，並點燃了他們內心的熊熊烈火，形成燎原之勢，使蔡主席的民調節節上升，這是一場鳳凰對烏鴉之戰，雲泥有別、勝負已定，台灣明年舊桃換新符，氣象更新的改朝換代已經是勢不可擋的事了。

台日一衣帶水，有過五十多年的共同歷史，台日間人民水乳交融，往來頻仍，彼此間的好感度直逼九成，冠居全球。旅日台僑是全球華人世界裡，菁英中的菁英，而且九成八以上都是台灣本土番薯仔子，對台灣母國的向心力更是冠居全球。多年來，在台灣知日世代們的無私奉獻、勤耕播種下，友台的種子已經在日本全國各地，熟成萌芽，可惜，在反日的馬總統有意無意的輕忽下，任其荒蕪，未能善加利用，所以在與台灣政府的互動中，無法發揮更大的相乘作用，實在令人扼腕嘆息。

如今，旅日台僑們無不殷殷期盼，將來的蔡總統，對這一大片栽植著親台種苗的膏腴沃土，能多些關心眷顧，只要稍加澆灌滋潤，它就能很快的自我成長茁壯乃至開枝散葉，則往後的台日關係將是一條綠葉成蔭的康莊大道。

台灣地處日本的生命線上，唇齒相依，如今更是命運共同體。上個月安倍總理排除萬障通過了「安保法」，爲未來的「台灣關係法」打下了基礎，日美軍事從此一體化，日美同盟更加牢固，對於中國東進南出的擴張，形成了一道有力的遏止力量。處於第一島鏈樞紐的台灣，其地位也自然的水漲船高。

日本「安保法」及歐、習會剛過，李前總統又成功地風靡日本國會，蔡主席就接踵訪日，難免觸痛了中國的敏感神經，所以最近對日本頻頻施壓，大加撻伐。台灣處於三大之間難為小，蔡主席由於篤定勝選，所以此次來日的一舉手一投足都動見觀瞻，成為眾所矚目的焦點，這次的訪日成果對往後的台、日、美、中關係影響至深且鉅。

謀定而後動的蔡主席一向決事如流，應物如響，在外交領域縱橫捭闔有年，折衝樽俎的經驗卓著，定能遊刃有餘的完成使命而滿載而歸。值此日本秋雨梧桐葉落時，蔡主席乘長風破萬里浪有備而來，深信明年台灣春風桃李花開日，就是蔡總統，鳳鳴高崗、聲振九霄時。

二〇一五年十月四日

日本醫療法人 輝生醫院理事長 王輝生敬上

追循著李前總統的足跡，象徵台日友好傳承的蔡主席，於十月六日，蒞臨東京，也投宿在七十二天前李前總統住過的首都東急飯店，並赴眾議院的國會會館拜會「日華懇談會」，七日由安倍首相的胞弟岸信夫眾議員全程陪同，訪問安倍首相的故鄉山口縣，八日在飯店與「日本交流協會」大橋光夫會長餐敘，剛巧，當天的同一時間，安倍首相也光臨同一飯店與岸信夫眾議員共餐。有沒有，如同李前總統般，與安倍首相「如期而遇」或「不期而遇」，由於，雙方都沒有給肯定的答案，留給外界無限的想像空間，無邦交國的交流之道，就如老子所言：「善爲道者，微妙玄通，深不可測」。

第七章

在沖繩弔祭淪落海外的台灣孤魂野鬼

一、廉頗老矣

二〇一八年六月廿二日，「老驥伏櫪，志在千里」的李前總統，以九十五歲高齡，第九次訪日。他是應那霸市「日本台灣和平基金會」的邀請抵達沖繩，我陪侍駐日謝長廷代表、駐那霸辦事處蘇啓誠處長及二百多位台日粉絲在那霸機場恭迎。

在機場貴賓室閒聊時，我發現李前總統雖然精神奕奕，但與半年前我和江口克彥先生一起赴翠山莊晉見時相比，略顯蒼白消瘦，畢竟歲月不饒人，「廉頗老矣」。

二、與安倍首相沒有「不期而遇」或「如期而遇」

六月廿三日是沖繩人難以忘懷的悲慘之日，一九四五年沖繩之戰，有二十萬人犧牲生命，其中有近半（九萬四千人）是平民百姓，六月廿三日牛島滿司令官在最後決戰地的摩文仁丘切腹自殺，沖繩之戰劃下句點，從此，六月廿三日成爲沖繩人民年年追悼的「慰靈の日」。

安倍首相因循往例，於上午十點半抵達沖繩，赴摩文仁之丘和平祈念公園，出席沖

在那霸機場貴賓室，恭迎李前總統伉儷。

二〇一七年十二月二十八日我與江口先生晉見李前總統。

繩戰役戰亡者的追悼儀式。由於距離李前總統投宿的飯店只有二十分鐘車程，一向尊李如師的安倍會否與李「不期而遇」，倍受矚目，所以在飯店中，台日媒體齊聚等候。但安倍首相四小時後就折返東京了。

近在咫尺，卻失之交臂，沒有「不期而遇」，事出有因，當天我為文投稿台灣媒體，訴說其因：

〈「不見李登輝」是安倍八月訪中的伴手禮〉

六月廿三日，安倍首相專程前來沖繩參加「沖繩戰歿者追悼儀式」，剛巧阿輝伯為了參加「台灣戰歿者慰靈碑」的揭幕式，也在前一天抵達沖繩，視李如師的安倍，不知會不會與李「不期而遇」，引起媒體的高度興趣，中國更是繃緊神經地全神關注。然而，此次安倍遠道而來，意在撫慰沖繩人的反戰情緒，因為終戰雖然已經七十三年了，但在沖繩人眼中，戰爭仍未結束，戰爭的夢魘仍然長相左右地繚繞在沖繩人心中，當年攻陷沖繩的美軍，七十三年來就從未離開過，最近又要搬遷擴建美軍基地，所以反戰氣氛濃郁，而主張修憲擴軍的安倍自然不受沖繩人所青睞，前年來參加「沖繩慰靈日」，在儀式致辭時還遭民眾嗆聲：「滾回去」，正努力澆熄沖繩人怒火的此時，若與李登輝見面，讓左翼團體有機可乘，不啻是火上加油。而阿輝伯抱病而來，除了在突顯作為台灣的前殖民者：日本的無情冷淡外，也在提醒日本，當霸權中國狼瓜四伸，企圖由陸權國家走向海權國家時，為了捍衛東亞的和平穩定，日本應負起東亞自由民主國家領頭羊的角色，期許安倍發揮其領導力。兩人的著力點大相逕庭，加上最近安倍由於內政的醜聞纏身，導致民調下滑，臥榻之側鼾聲四起，面對九月的自民黨總裁大選，挑戰者正蠢蠢欲動。當此風雨飄搖時刻的掌舵者，外交成果是他唯一解套的定海神針，除了對美鞏固與川普的私誼外，並積極籌備日朝會談，而已經冰凍八年的日中關係如能於選前解凍的話，對安倍的外交得點而言也是一大加分，所以，雖然安倍難得南來，而他一向所尊敬的李前總統也專程北上，二人不約而同齊聚沖繩而且近在咫尺，理當應盡地主之誼的主人，卻故意避而不見來客，只因八月安倍即將訪問中國，在破冰之旅時，「不見李登輝」可以惠而不費地成為他訪中的極佳伴手禮，而此伴手禮是李登輝親自登門所免費贈送的，因為李、安倍二人靈犀相通，一切盡在不言中，「老驥伏櫪，志在千里；烈士暮年，壯心未已」，老成謀國，實令人敬服。

日本醫療法人　輝生醫院理事長　王輝生敬上

二〇一八／六／廿三

廿三日晚上，在「日本台灣和平基金會」及「日本李友會」所共同主辦的歡迎晚宴，李前總統發表演講，指出「中國霸權主義是今日亞洲最大的不安因素」，演說中幾度悲從中來、哽咽地呼籲日、美、台應該共同積極爲亞洲的和平安定做出貢獻。

沖繩系滿市，由日本台灣和平基金會及日本李登輝之友會共同主辦的歡迎晚宴。

三、「為國作見證」

沖繩戰役的最後決戰地，系滿市的摩文仁之丘，如今已改建為和平祈念公園，立石為碑，碑上刻有戰亡者的姓名，包括三十四位台灣人。

李前總統於廿四日出席摩文仁之丘台灣人戰亡者慰靈碑的揭碑儀式，碑文刻有他老人家揮毫寫下的「為國作見證」五個字。

在揭碑儀式的致辭中，這位台灣前總統有感而發地說：由於戰爭的恐怖及無情，使許多的寶貴生命為之犧牲。一九四五年二月沖繩戰役之前，有一批九千噸的白米從台灣基隆運送到沖繩供軍民使用，拯救了數以萬計的沖繩軍民。

今天在慰靈碑上可看到三十四位台籍死難者，說不定他們之中有人參與了此次的運糧行動。

李前總統又說：身為台灣人的我，熱愛我的國家，我將畢生所學奉獻在我所熱愛的台灣土地上。因為戰爭，我一生見證過太多的磨難；也因為戰爭，我更見證為了生存而應如何積極面對生命。

對於碑文「為國作見證」，李前總統作如下的解釋：

李前總統在沖繩戰役最後決戰地—摩文仁之丘，揮毫立碑「為國作見證」。

「人類從歷史中汲取教訓，人類之所以偉大的理由之一，是具有見賢思齊的學習能力，而人類之所以能夠學習，是因爲有前人所樹立下的榜樣可供參考。前人用他們的生命爲歷史留下見證，也因爲他們所遺留下來的榜樣及見證，讓後人學到教訓而有所抉擇。

願我們大家都來爲生命的可貴作見證，將和平、自由、民主，一代一代地傳承下去，讓人類的文明持續偉大。」

和平祈念公園內，樹立有日本各縣市的慰靈塔，連韓國人慰靈塔也位列其中，惟獨台灣付之闕如，淪落異鄉成爲無國可歸甚至無人奉祀的孤魂野鬼。直到二〇一六年在有心人士的奔走下，才

二〇一六年蔡英文總統豎立台灣之塔，以悼念淪落異國的台籍戰歿者。

設立有蔡英文總統落款的「台灣之塔」慰靈碑。此次李前總統在塔旁設立「爲國作見證」的慰靈碑，相互輝映。

「台灣之塔」的碑文分別用中、日文刻記如下：

〈**台灣之塔　建立由來記**〉

悼念二次大戰中，獻身沙場的台灣戰士、建立「台灣之塔」。在此摩文仁之丘，台灣戰士崇高志節，埋沒七十年無以彰顯，殊感哀痛，日台兩地有志之士募集善款加以援建，使世世代代可資憑弔。當年日、台戰士皆為同袍，生死與共、榮辱同擔。來自台灣英勇參戰二十多萬人中，三萬人戰歿，一萬五千人失蹤。無論時代如何變遷，族群、國家如何分隔，凡犧牲一己性命守護他人的義舉，不應被後世遺忘。為了回報戰時受到台灣各方恩澤，土地由沖繩翼友會提供，期盼成為親善交流橋樑，鞏固日台的恩義連結。

祈禱台灣戰歿犧牲者靈魂都能安息！也希望來訪朋友們體認前人深刻情誼，持續予以發揚光大。

二〇一六年八月十五日

四、首立「台灣之塔」的台灣女總統

身不由己的台灣戰士們枉死異國，無人聞問，七十年後才由台灣的第一位女性總統落款立碑，以資後人弔念。如今，台灣面對強鄰的文攻武嚇，身爲女性的蔡總統「慈故能勇」，雖然肩負重擔、仍然腳步沉穩，屹立不搖，以小搏大發揮柔弱勝剛強的大無畏精神，我有感而發，所以在「台灣之塔」立碑後，草作一文以表敬意。

〈知雄強守雌柔的蔡英文總統〉

老子的道德經精闢絕倫地闡述了如何在弱肉強食的世界中，以小搏大，知強守弱去達到以柔克剛的最終目的，守柔處弱並非卑躬屈膝，也非自我閹割的消極思想，柔弱不代表軟弱，而是一種能忍人所不能忍的大勇，審時度勢，伺機而動的度量和韌性；颶風過崗，惟草伏存，齒堅於舌而先之弊。所以老子始終認為柔弱勝剛強「強大處下，柔弱處上」。

夫英雄者，胸懷大志，腹有良謀，有包藏宇宙之機，吞吐天下之志，蔡英文總統、賴清德市長及柯文哲市長都是台灣的鳳雛伏龍，廊廟棟樑，當深知「惟智者為能以小事大」的道理，勾踐事吳，柔弱似水，處萬人之所惡，十年臥薪嘗膽，含辛茹苦，忍辱負重，終能復國。台灣小，虎視眈眈的惡鄰卻是不成比例的大，所以任何硬碰硬或暴虎馮河式輕舉妄為，都非良策。

世間萬物，物極必反，兵強則滅、木強則折，中國幾千年的歷史循環始終跳脫不出盛極必衰、剝極必復的輪迴，劉漢到頂峰盛世的武帝是第四代，李唐盛世太宗李世民則為第二代，滿清盛世乾隆不過三代，其後就每況愈下地走向敗亡之途。如今中國的毛、鄧、江、胡到習已進入了第五代，物壯則老，敗象已露，「以大事小者樂天者也，樂天者以保天下。」所以應當，樂承天意，以厚德載物的寬容及海納百川的雅量，不恃強凌弱、不以眾暴寡，使萬邦心悅誠服而爭相來儀，然而，如今中國，人權不彰，貪腐搢行、民怨叢生，憤懣之氣已郁為風雷，為政者不但不思，挫銳解紛以消弭國內亂象，無意，和光同塵以期敦親睦鄰，卻，違反天道的倒行逆施，窮兵黷武的耀武揚威，仇日反美地招惹四鄰，天道昭昭其劫數已在所難逃，善泳者溺，與風作浪只會加速其亡。

反之，「以小事大者畏天者也，畏天者以保其國。」所以應當，敬畏天地，制節謹度，不忘己之所稱，度德量力，才能確保其國。而且台灣已成功地卸下華人歷史輪迴的枷鎖，享有自由民主人權法治的國之利器，在美、日、中三國爭強較狠的鬥爭中，台灣只要深藏若虛，不逞強，不挑釁，臨深履薄地守柔處弱，必能達到以柔克剛的終極目標，「曾不出刀，曾不出薪，天下為秦相割烹」，這才是台灣長治久安之道。

「天下莫不柔弱於水，而攻堅強者莫之能勝」，水善利萬物而不爭，處萬人之所惡而不厭，柔弱無華，但，滴水能穿石，無堅不摧，無敵不克，其驚濤駭浪甚至可以席捲天下。蔡英文總統就任以來，任勞、任怨、任謗，對內百廢待舉，忙於解決千頭萬緒且盤根錯節的內政改革，又整軍經武，馬不停蹄地巡視軍區，決定國艦國造，親臨漢光演習，巾幗不讓鬚眉指揮若定，向世人展示其「勿恃敵之不來，恃吾有以待之」的態度及決心，大大地鼓舞了軍心士氣，對外則虛靜謙下，上善若水，面對中國鋪天蓋地般地文攻武嚇，始終處變不驚地沉穩以對，更不亢不卑地對中國屢屢伸出善意的橄欖枝，同明相照，同氣相求，賴市長以台灣為核心的「親中愛台」及柯市長的「友中親美靠日」等腳步，也接踵而來，「知其雄、守其雌、為天下谿；知其榮、守其辱、為天下谷」，台灣以小事大的戰略思想，已可略見其端倪了。

自然界中的雌雄爭鬥，牝常以靜勝牡，如今強國鄰居，違逆天道，輕率躁動、咄咄逼人，弱國台灣反而順天而行，穩重如山、靜下若水，「重為輕根，靜為躁君」，相信老子兩千五百年來，顛撲不破的春秋之言：「天下之至柔，馳騁天下之至堅」，在台灣得到驗證的日子將翹首可待。

現在強國又蠻横一再斷我邦交國，多行不義必自斃，如果世界上沒有國家承認中華民國，那麼台灣就可理直氣壯，名正言順扔掉國王新衣，脫胎換骨成為一個新而獨立的國家，塞翁失馬焉知非福。

日本醫療法人　輝生醫院　王輝生　敬上

五、在沖繩弔祭台灣的孤魂野鬼

在揭碑儀式結束後，於那霸機場候機回關西時，我仍然悲愴滿懷，於是草書一文作爲此行的見證。

〈陪侍李前總統在沖繩弔祭台灣的孤魂野鬼有感〉

每逢六月廿三日沖繩之役的終戰日（沖繩慰靈日）前後，沖繩總是進入「路上行人欲斷魂」的梅雨季節，今天陽光難得展現笑顏，熱烈地歡迎台灣民主之父的到來。七十三年前，車轔轔、馬蕭蕭，在父母妻兒的哭喊淚雨聲中，被日本殖民者徵召驅使而離鄉背井，走上征塵的台灣健兒們，戰死加上失蹤者共有四萬五千多人，七十幾年來成為無國可歸的「可憐無定河邊骨，猶是春閨夢裡人」。由於二戰終戰後，在舊金山和約中，日本宣布放棄對台灣的主權，卻對台灣的歸屬問題刻意不加著墨，導致台灣的國際定位至今仍然妾身不明，所以這些以日本兵身分被徵召驅赴戰場的台灣人，雖然為日本而戰，為日本而亡，死後居然在日本領域內成為無人聞問的孤魂野鬼，每逢陰雨綿綿的梅雨時節，「舊鬼煩冤新鬼哭、天陰雨濕聲啾啾」，一年復一年哀問蒼天，祖國在哪裡？因為爹不親、娘不愛，故鄉台灣的統治者國民黨視他們如寇讎敵人，是數典忘祖的皇民漢奸而置之不理，當年驅使他們上戰場的殖民統治者日本則認為他們是無主之鬼，棄之如敝屣。摩文仁之丘是沖繩戰役的最後決戰地，在此矗立著三百多座包括韓國在內的慰靈塔，碑上銘刻著廿四萬名當年犧牲者的姓名，惟獨台灣付之闕如，二年前才在旅日台僑許光輝博士及台日和平基金會的熱心奔走下，樹立「台灣之塔」，並承蒙蔡英文總統落款。

殫精竭慮地發動「寧靜革命」，和平地將台灣導入自由民主國家之林的李前總統，以九十五歲高齡專程於六月二十四日前來這個古戰場，在駐日謝長廷代表的全程陪侍下參加「台灣人戰亡者慰靈碑」的揭幕式，並在碑上題字「為國作見證」，弔祭淪落海外、無國可歸的台灣孤魂野鬼，一方面用行動來告誡窮兵黷武者，戰爭的代價就是製造人間煉獄，另方面也無言地在提醒日本人，這七十幾年來，日本是如何冷淡無情對待當年與他們並肩浴血奮戰，為了護衛日本國而犧牲生命的台籍日本兵。

逝者已矣、來者可追，千里迢迢遠道而來的台灣前總統在碑前發表演說，語調悲切，略帶哽咽但鏗鏘有力，言簡意賅呼喚台灣及日本的人民，務必記取戰爭的慘痛教訓，不要忘記台日之間有過五十年榮辱與共的共同歷史，也曾經有四萬五千人的台籍日本兵為日本國而犧牲生命。如今台日共享自由民主的價值觀，台日之間已經是命運共同體，日本理應善盡其未竟之責，與台灣同氣相應，彼此扶持，為台日的共存共榮而加倍努力。

台灣的四百年史就是一部血淚交織的被殖民史，每一代的殖民統治者，為了斬草除根地剷除前朝勢力，對於護衛台灣有功的前朝英靈，都視如寇讎，冠加惡名。被迫跟從明鄭「反清復明」者，被後來的統治者清廷視為海賊倭寇或朱明餘孽，追隨唐景崧的台灣民主國抗日者，被後來的統治者日本視為清國奴或支那土匪，受迫當日本兵參加二戰者，被後來的統治者國民黨視為數典忘祖的漢奸皇民或二鬼子走狗。如果有一天台灣不幸被統一，又改朝換代的話，那麼我們這一代被迫陪侍國民黨反共抗俄、殺朱拔毛的人，豈不成為未來統治者眼中的蔣匪國特，而為了黨國拋頭顱灑熱血，現在奉祀在忠烈祠的國民黨烈士們，也恐難逃其英靈被鞭屍的噩運。

台灣人為了護衛台灣這塊土地而犧牲生命，其磅礡正氣應該是凜冽萬古存、一一垂丹青，然而殘酷的實情告訴我們，由於四百年來，台灣都是外來統治者的刀俎魚肉，在殖民者的眼中，台灣人是蜉蝣賤命，而捍衛台灣的烈士們不是被埋沒在荒煙蔓草中，就是淪落異域成為無主的孤魂野鬼。面對外來的殖民統治者，台灣人如果想明哲保身寄蜉蝣於天地，別無他途可供徘徊，不是選擇「乘桴浮於海」的漂泊海外，就是選擇俯首稱臣，任供驅遣以求苟全生命於亂世，這是生為台灣人的悲哀，也是死為台灣鬼的悲哀。歷史昭昭而且殷鑒不遠，以古誡今，想一勞永逸擺脫身為台灣人、鬼兩悲的歷史宿命，就要痛定思痛地排斥一切外來勢力的殖民統治，唯有台灣人民自己當家作主，才能實踐孟子「民為貴，君為輕，社稷次之」的民主理想，只有體會老子的「小國寡民」思想，才能落實台灣人民「甘其食，美其服，安其居，樂其俗」的自由生活，確保提升台灣「自由民主人權法治」的普世價值，才是台灣長治久安之王道，至於國內有些憧憬嚮往西方樂土的人士，也可以充分尊重他們的自由，「駕鶴」西歸與否，就悉聽尊便吧。

今天的摩文仁之丘，陽光燦爛，有幸陪侍耄耋之年的李前總統在此憑弔流落異域的台灣孤魂，感念「蒼龍日暮還行雨」，老驥伏櫪雖然志在千里，但，「廉頗老矣，尚能飯否？」南國的豔陽雖驕，然而四百年來冰鎮在台灣人內心深處的悲情還是難以消融，身為旅日台僑，初臨此丘，遙望故土，滿目蒼茫，去國懷鄉之情油然而生，不禁感極而悲，有感而發。

二〇一八年六月廿四日
於沖繩那霸空港
日本醫療法人輝生醫院理事長 王輝生 敬上

六、死作台灣鬼也悲哀

「生爲台灣人的悲哀」，死作台灣鬼也悲哀。回到琵琶湖畔住家，仍然餘哀未消，又趕寫一文以發洩滿腔悲憤。

〈死作台灣鬼也悲哀〉

風飄飄、雨瀟瀟的沖繩梅雨時節，六月廿四日好不容易陽光露出笑臉，熱情地歡迎台灣民主之父的到來，長久以來帶領台灣人民在坎坷不平的世界歧路上，始終堅定不移、踽踽前行的李前總統，此次專程前來沖繩摩文仁之丘，在謝長廷駐日代表的全程陪侍下，參加「台灣人戰亡者慰靈碑」的揭幕式，並在碑上題字「為國作見證」，以弔祭淪落異域的台灣孤魂野鬼。這裡是七十三年前沖繩之役的最後決戰地，當年屍橫遍野、傷亡狼籍，戰後修建為平和祈念公園，在「和平之礎」上銘刻著二十四萬犧牲者的姓名，提醒後人，戰爭的代價是鬼哭神嚎的生命摧殘，也是慘絕人寰的人間煉獄，周遭尚有三百多座包括韓國戰沒者在內的慰靈碑，唯獨台灣付之闕如。台灣人戰沒者七十一年來因政治因素，淪為飄蕩海外的冤魂，無國可歸也無人聞問，二年前才在日台和平基金會的穿梭牽線下樹立「台灣之塔」，並有蔡英文總統的落款。此次九十五歲高齡的李前總統於耄耋之年，抱病前來弔祭，並語帶哽咽地發表演說，在悲切語調聲中，言簡意賅突顯了二大意涵：

1. 殖民者的不負責任

終戰後的舊金山和約，日本宣告放棄台灣主權，然而未將台灣的歸屬問題作妥善的安排，任其浮沉，以致台灣的國際定位至今仍然妾身不明。所以當年以日本兵身分被驅赴戰場的台灣人，雖然身不由己地為日本而戰，為日本而亡，然而死後卻在日本的領域內成為無人聞問的外國野鬼，真是情何以堪。

2. 被殖民者的悲哀

明鄭壓迫台灣人，反清復明，被後來統治者的清廷視為海賊倭寇、朱明餘孽，陣前潛逃的台灣民主國唐景崧（十日總統）及劉永福等人率領台灣人抗日，被後來統治者的日本視為清國奴、支那土匪，日本壓迫台灣人參加二戰，被後來統治者的國民黨視為數典忘祖的皇民漢奸。令人不寒而慄的是，當年國民黨強迫台灣人反共抗俄而拋頭顱灑熱血，如果有一天台灣被統一了，那麼在忠烈祠中奉祀的國軍英靈們，豈不成了未來統治者眼中的蔣匪國特而慘遭鞭屍。

台灣人命運多舛，為了苟全生命於亂世，往往不得不委曲求全地臣服於各殖民統治者，任其擺布，然而，明明是護衛台灣有功的英靈，但在後來殖民者的眼中卻是惡名昭彰的匪徒，其罪名從海賊倭寇到皇民漢奸等等，不一而足，難道台灣人護衛台灣有錯嗎？台灣人無奈地被迫臣服於殖民者有錯嗎？台灣人想當家作主以敦親睦鄰有錯嗎？本來是天經地義的事，台灣人卻不得其解，只好無語問蒼天，這是生為台灣人的悲哀，也是死為台灣鬼的悲哀。唯有貫徹台灣人民當家作主的鐵則，才能擺脫四百年來台灣屢遭殖民荼毒所帶來的悲慘宿命。

二〇一八年六月廿四日

日本醫療法人　輝生醫院理事長　王輝生

第八章

結論——台灣的人間國寶在日本綻放光芒

一、李前總統逐一打開四大限制之結

李前總統在卸任總統公職後共有九次訪問日本。

在二〇〇五年開放台灣人免簽證觀光之前，日本外務省畏於中國的威嚇，對於李前總統的訪日，總是深懷戒心而瞻前顧後百般阻卻，後來，經不起日本民意的反彈，於二〇〇一年四月，始同意李前總統前來日本就醫，還設下四條苛刻的條件：

1. 不能前往東京或京都訪問。
2. 不能公開演講。
3. 不能召開記者會。
4. 不能與日本政治人物見面。

但，在李前總統的巧妙應對下，很自然地逐一突破。

第一次訪問京都是二〇〇四年十二月三十一日，探視住在京都的恩師。

第一次訪問東京是二〇〇七年五月三十日。

第一次公開演講是二〇〇七年六月一日在東京接受「後藤新平賞」時，於受賞儀式以「後藤新平與我」爲題公開演講。

第一次召開記者會是二〇〇七年六月九日在東京外國人特派員協會。

第一次與日本的政治人物接觸是二〇〇八年九月廿四，與沖繩縣的仲井眞弘多知事懇談。

面對日本政府爲李前總統量身打造，所設下的四大苛刻限制，李前總統從不與之硬碰硬的衝撞，反而氣定神閒，運用老子的「眞實自然」方式逐一讓它們消失於無形。

二〇〇四年，得知睽違一甲子的九十八歲恩師臥病在床，爲人徒者想前往探視、是至情至理的美事，而在進入第二故鄉京都之前，李前總統近鄉情怯，事先迂迴前往金澤市，探視其哲學思想的啓蒙導師，日本近代哲學之父西田幾多郎的紀念館，並親往其墳前獻花致敬。他一方面探訪西田哲學思想的源泉之地、藉以尋求自我升華之道，另一方面又可展現其尊師重道的人格特質。然後，又專程前往「嘉南大圳之父」八田與一的故居，代替台灣人，向這

大田一博院長惠存
眞實自然
登輝
二〇〇二.十二.卅

李前總統惠賜的墨寶。

位嘉惠台灣嘉南平原的故人子孫們致意，既飲水思源地表達了台灣人的謝意，又體現了日本人禮尚往來、知恩圖報的風俗。

他禮數周到地遶了一圈，才正式前往日本政府先前爲他所設下的「禁區」京都、去探視病中的恩師，大年初二又打破新年不上墳的禁忌，前往好友日本大文豪司馬遼太郎的墳前獻花致敬。

整個旅程瀰漫著溫馨感人的氣氛，透過電視機的實況轉播及媒體的報導，迅速擄獲了萬萬千千的日本人心，也讓這個世界最親日的國家台灣，其所遭受到的尷尬國際處境及日本政府的不公平對待等等現象，都赤裸裸地呈現在日本人民的眼前。藉由李登輝而認識台灣，成爲日本熱門的課題。

東京是日本的政治中心，政治家冠蓋雲集，所以，日本政府對於李前總統的訪問東京，不免戒愼恐懼。

李前總統是以「後藤新平賞」受賞者的身分，前往東京並發表「後藤新平與我」的公開演講。由於後藤新平是前日本殖民時代台灣總督府的民政長官，是促使台灣由落伍的農耕社會，脫胎換骨成進步社會的最大推手。李前總統千里迢迢地前來彰顯後藤醫學博士的偉績，也表達台灣人的謝意，使日本政府無從拒絕。接著追尋日本俳句詩聖松尾芭蕉的行腳軌跡「奥之細道」，身歷其境去體會芭蕉先生俳句作品的靈感泉源，作了文化探討之旅後，才再度折返東京，前往備受爭議的靖國神社去祭拜奉祀其中的長兄。並一氣呵成地在東京的外國人特派員協會首次召開記者會。如此，善解人意地對地主國已故的政治家及文學家表達了感恩追思之意，又兼顧主人顏面的貼心細緻舉措，言行乾淨俐落，讓日本政府找不到絲毫批評的著力點。這就是老子所謂「善行者無轍跡，善言者無瑕謫」（《道德經帛書版．第二十七章》）的道理。

一年後，更選擇在日本的南陲邊疆，與沖繩縣仲井知事正式公開懇談。這是李前總統卸任後的第四次訪日，而日本政府對他量身訂作的四大限制也無疾而終，從此劃下句點。

二、我是不是我的我[1]

大正十二年（一九二三年），出生於日治時代的李登輝，當時，理所當然是日本人，卻又不是日本人，只好努力成爲「不是日本人的日本人」；中華民國統治時代的李登輝，也理所當然是中國人，卻又不是中國人，只好又努力成爲「不是中國人的中國人」。

日治時代想成爲「不是日本人的日本人」，只好努力超越自己、克服自我，就得比日本人更日本人；同樣地，中華民國時代想成爲「不是中國人的中國人」，就得超克（超越克服）自我，比中國人更中國人。所以，李前總統與司馬遼太郎首次見面時，雖然當時已經貴爲總統，但由於是台灣人首次當上國民黨主席及總統，在黨內外或國內外所形成的絕對矛盾，有如山積，爲了和平解決，及台灣的長治久安，唯有委曲求全地透過「知強守弱、知白守黑、知榮守辱」的內斂工夫，及「不自見故明、不自是故彰、不自伐故有功、不自矜故能長」「聖人執一以爲天下牧」（《道德經帛書版．第二十二章》）的自肅磨練，充分地放空自己，將自己置身於西田哲學所稱的「絕對無[2]的場所[3]」，以期待往後的一連串改革，所以不免有感而發，而向這位知己說出「生爲台灣

1 「我是不是我的我」：「我」通常是指日常生活經驗中的我而言，但經過切磋琢磨的工夫，這「我」可以升華到超越的層次，成為「不是我的我」。這就是西田幾多郎哲學大師在其大作《私と汝》（我與汝，東京：岩波文庫，一九八七年）中所寫的「絕對的他者」。西田在其大作中寫道：「自覺是自己在自己裡面見到自己」，晚年則強調「自覺是在自己的根柢中見到他者，這他者是絕對的他者」，然後他又更進一步說「自己即是這絕對的他者」。由「自己見到自己」轉為「見到絕對的他者」，最後見到「作為絕對他者的自己」，這是一種修煉工夫的歷程，在此歷程中不斷地自

我轉化。此中有淨土宗的思想在內，在宗教的領域看來，這「絕對的他者」就是等同於永恆之神，與日常生活經驗中的「我」可以說是絕對矛盾，而凡夫的「我」最後在自己的內裡見到「絕對的他者」，甚至與之合體，自己也成了「絕對的他者」，這就是「絕對矛盾的自我同一」。

2 「絕對無」：是西田哲學邏輯思想的基礎，它並非一無所有的虛無主義（Nihilismus），它超越相對的「有無」層次，它能從任何形式的「有」中解放出來而作為一個「場所」，由於「絕對無」，所以，它能包攝一切置定於其中的東西，也因為其背景是「無」而不是「有」，所以置定其中的每一件事物都不會受到任何「有」的干擾，而能各自保持其獨立的性格，而且彼此間互不相妨，因而形成了一個圓融無礙的關係。而「絕對無」是不能被置定或被包攝的，所以這個「絕對無」的「場所」，稱之為「最終極的實在」（Ultimate Reality）。「有」經過自我的內在超越、克服的工夫，而達到「絕對無」的境界，就是「絕對矛盾的自我同一」。西田哲學的「絕對無」，近似禪宗的「無」、大乘佛教的「空」，以及《道德經帛書版・第一章》「無名萬物之始，有名萬物之母」中的「無」，它是一種變化和規律，絕非虛無而有無窮的變化。道表無極，一為太極，太極生兩儀，陰陽交合為三，始生萬物。道可衍生萬物，也能海納百川的包容萬物。

3 「場所」：是西田哲學的核心思想。西田在一九二六年發表的〈場所〉論文中指出，「場所」是古希臘哲學家柏拉圖所提出的概念，可以解釋為空間（space），但柏拉圖的「場所」是一種「有」，而真正的「場所」應該是「無」。簡言之，柏拉圖把「場所」當作空間，它是「有」不是「無」，而任何「有」都可以被其他的「有」所包攝，這即是「有」在「有」之內；然而西田哲學的「場所」是「無」，不但可以包攝一切的「有」，即是「有」在「無」之內，而且不能被包攝。所以西田創造的「場所」，是一個能包攝（萬物）而不被包攝，與柏拉圖空間概念的「場所」有所區別，人的悲哀」[4]的心聲。

想超克自我，就要先釐清「我是誰」的哲學思維。當「我」定了位，有了歸屬意識後，才能說服自己去超克自我，而達到「我是不是我的我」的目標。這正是西田哲學「絕對矛盾的自我同一」[5]精髓之所在。

大田一博先生

我是不是我的我

李登輝

李登輝印

李前總統惠賜的墨寶。

因為柏拉圖式的「場所」也是「有」，能被包攝。這個最終能包攝而不被包攝的「場所」，必須是一種「無」，而且是「絕對無」。這就是「最終極的實在」。類似《道德經．第二十五章》「道大，天大，地大，人亦大，域中有四大」中「域」的概念，是大道領域的意思。

4 「生為台灣人的悲哀」：西田哲學的動機來自於「深刻的人生悲哀」，西田從自身的悲哀體驗，發現人生的最大悲哀往往在於自覺到自我存在與現實本身的矛盾。而自身所體驗的悲哀，反而是偶然的。當自我遭遇到自我存在的矛盾，認識到現實本身就是如此而無能為力時，往往會進入宗教的世界去尋找慰藉及解方。然而透過西田哲學，我們可以看到，以悲哀為本質的矛盾，其實就是一種自我更新、浴火重生的創造力，即禪宗「大死一番，歿後復甦」的概念。所以，才有往後「生為台灣人的幸福」的升華。

5

「絕對矛盾的自我同一」：是京都學派西田哲學的基本概念。當兩個極端物，比如「有」與「無」，兩者矛盾、彼此激蕩、互相背離，無限上綱而各自陷入絕對之窮境時，依物極必反的法則，雙方勢必逆向操作，反而聚在一起，形成一個絕對矛盾的統合體，稱之為「Antinomie（二律背反）」。這是「絕對有」與「絕對無」的絕對矛盾。解決此「二律背反」的方法，不是互相消滅對方，因為這兩個極端在理論上是對等的存在，必須從各自內部的自我突破開始著手，經過超越、克服的工夫而上升到相互限定、各棄極端、相互肯定，分別趨向「一」的不二中道，形成「非有」、「非無」的絕對境界，達此境界便可說是「絕對矛盾的自我同一」。西田認為真正的自我同一，必須是「變中有不變者」、「多」中有「一」。所謂的「自我同一」的「一」，就是在變化中的不變者，正如老子「反者道之動」中的「反」及「動」都有變的因素在內，但萬變不離其宗「道」，這個「道」就是「一」，也就是「太極」的意思。這種自我超越、克服以達到「自我同一」的修煉工夫，也就是老子在《道德經．第二十八章》所闡述的「知其雄、守其雌、復歸於嬰兒，知其白、守其黑、復歸於無極，知其榮、守其辱，復歸於樸」的觀念。因為道法自然，而「嬰兒」、「無極」、「樸」都是萬物最自然的本始狀態，也就是「一」的狀態。儒家說「執中貫一」、道家說「抱元守一」、佛教說「萬法歸一」，都是同樣的道理。

三、京都學派西田哲學的影響

李前總統曾說，每當他的思路進入死胡同而不能突破時，常在西田幾多郎大師的哲理裡找到活路出口。

在參訪銀閣寺時，李前總統邊走邊問身旁的日本人：「在進步中仍不失其傳統的日本社會，你有何感想？」其實這在西田哲學的「絕對矛盾的自我同一」及西田所推崇的Aufheben（止揚）理論中都可找到答案。

Aufheben是德國黑格爾哲學的用語，日本人將之漢字化叫「止揚」或「揚棄」。意思是當「正」及「反」兩個不同觀念彼此激盪、互相鬥爭時，先求同存異，將產生矛盾的部分加以擱置，停止爭議，而將不矛盾的部分加以發揚，然後產生一個更高層次、共存共榮的和諧統一體，這種「正」、「反」、「和諧統一體」的提升過程叫做Aufheben。也就是老子在《道德經‧第四十二章》所說的「萬物負陰而抱陽，沖氣以爲和」的概念。日本的本土傳統與外來的進步文明能共存共榮，就是「絕對矛盾的自我同一」及Aufheben（止揚）成功的活生生範例。

李前總統在日本國會「台灣的典範轉移」的演講中，言簡意賅地闡述他如何運用西田哲學及Aufheben（止揚）的理論，將代表中國法統的舊典範成功改爲民主機制的新典範。

四、「脫古改新」代替「託古改制」

中國的歷代改革都以失敗收場，而改革者從秦朝「商鞅變法」主角商鞅的慘遭車裂分屍[6]，到清代戊戌政變六君子的斬首示眾[7]，都難有善終。因爲，歷代的改革都是以古爲師的「託古改制」，萬事託付古人，以復古爲尚。然而，在中華文化「師承」的大帽底下，後代的徒子徒孫們，其思想理論的範疇絕不能逾越先師，只能詮釋註解，否則就

6 商鞅變法：公元前三四六年，商鞅在秦孝公的支持下，實施政治改革，廢井田制，肯定私有土地制，廢世卿世祿制等，推行富國強兵的政策，雖使邊陲的秦國，一躍成為戰國七雄之一，但既得利益集團的貴族階層，權利受損，在秦孝公去世後，繼任的秦惠文王就迫不及待地將商鞅五馬分屍。

7 戊戌變法：又叫百日維新，一八九八年清朝國勢顛險，岌岌可危，以康有為及梁啟超為首的維新派為了救亡圖存，主張君主立憲，由於牴觸了以慈禧太后為首的保守勢力集團之利益，歷時一百零三天，變法失敗，首謀康、梁亡命日本，餘黨譚嗣同等六君子慘遭斬首。

是人心不古、大逆不道。所以，至聖先師孔子的《論語》就是儒家的聖經，後代的儒家弟子如孟子、曾子等都謹守分寸，絕不可能逾越；老子的《道德經》就是道家的金科玉律，後世道學家的莊子也只能傳述，絕不會越過雷池一步；連治病的醫籍，幾千年前的《黃帝內經》，仍然一成不變地被醫家奉爲圭臬。

前人種樹，後人固然可以乘涼，但隨著歲月飛逝，大木凋零、青苗不栽，樹齡愈久，樹蔭愈小，乘涼範圍也日趨狹窄。幾千年來的中華文化無法創新，只能在「師承」的框架下擠來擠去，思想的空間日趨萎縮，以致形成柏楊先生所稱的濃稠「醬缸文化」，裡面蛆毒叢生。每遇改革，蛆蟲就會群起反噬。典型的「託古改制」是王莽的新政[8]，以恢復周禮爲主軸，清代戊戌變法也是奉孔老夫子爲祖師爺[9]，都是往後看，在古人堆裡找答案，只是將醬缸中的舊酒裝入新瓶，用這些蛆毒寄生其中的古法陳方，妄想救亡圖存，「譬猶、療饑於附子、止渴於鴆毒、未入腸胃、已絕咽喉」，不改方劑、以致不但未見療效，自己反遭慘死，終而功虧一簣。所以，李前總統稱之爲「託古不改制」或「復古不改制」。

李前總統有鑒於日本明治維新的成功，在於「脫亞入歐」，擺脫（不是丟棄）東亞舊文化的窠臼，迎入西歐新文明，一舉將日本推向現代化的國家之林。所以，他在台灣提出「脫古改新」的新思維。

號稱五千年的中華文化中，敢於挑戰「祖宗家法」，對泥古不化的「古道遺風」提出質疑的改革者，絕無僅有，非王安石莫屬。面對積弱不振的北宋，他提出「天變不足畏、祖宗不足法」的觀念以創新立異，實行一系列的改革，使紙糊般的北宋王朝得以苟延殘喘，而免於被西夏所呑併。然而，在守舊衛道之士的群攻圍剿之下，最後還是功敗垂成。

李前總統甘冒中華文化的大不韙，進行「脫古改新」的結構性改革，這是一場攸關

8 王莽新政的託古改制：公元八年，王莽篡漢稱帝，為了消弭西漢末年的社會矛盾，實施「託古改制」的新政，仿效「周禮」的體制，恢復井田制，將刑罰、禮儀、田宅車服等等儀式都回復到西周時代的「周禮」。因為不合時宜，招惹民怨，短短十五年，王莽王朝就灰飛煙滅。

9 戊戌變法的託古改制：戊戌變法的首領康有為，為了取得其變法的正當性，把孔子打扮成「託古改制」的祖師爺，主張尊孔聖為國教、立孔子為教主，以孔子紀年，又宣稱孔子為了改制而作《春秋》等等論述。他想挾「古聖」的權威，號令天下，以利其變革的企圖昭然若揭，成了一位拉歷史車輪向後轉的人物。在慈禧太后等舊勢力及孫中山等革命黨的新思維夾擊下，功敗垂成，亡命日本。

生死的大革命。因爲，幾千年來的中華文化圈，政權輪替都是以無數人頭落地爲代價，腥風血雨的殘酷鬥爭之下，生靈塗炭，國家元氣爲之大傷。然而，自稱代表中國法統的中華民國政府，敗逃台灣，其治權範圍已經萎縮到只剩二六七分之一的彈丸小島，而代表法統的少數族群卻統治著多數族群的島民，並裹脅他們，要幫其恢復大陸江山及維護法統。這種基礎薄弱有如倒置金字塔般的政權，如不徹底翻修，其自我顚覆只是時間的問題。因緣際會當上中華民國總統的李登輝先生，自然心知肚明，不想坐以待斃，只有大刀闊斧地改革，雖然倉促上任，手無寸鐵，但處於西田哲學「絕對無」的處境，反而有助於他的放手一搏。李前總統戰戰兢兢地躬親力行「絕對矛盾的自我同一」及Aufheben（止揚）理論，加入自由民主新元素，擺脫了舊法統的掣肘，完成了「寧靜革命」，成功地帶領台灣走上自由民主之道，在華人世界中樹立起光明的燈塔，這對於刻意在暗夜中航行，以利於操控船員的獨裁掌舵者或仍然沉醉在醬缸文化的蛆蟲而言，自然有如芒刺在背，必欲除之而後快。這也是李前總統之所以被中共或台灣部分醬缸文化遺孽恨之入骨的主要原因。

五、九度進出日本，帶給日、台伴手厚禮

李前總統在卸任後，九次進出日本，帶給台、日雙方不少伴手厚禮（おみやげ）。

日本方面：

1. 重新恢復日本人民的民族自信心

日本由於當年軍國主義爲害四鄰，在戰爭中慘遭大敗以致無條件投降，使其民族自信心跌入谷底。

但洋溢著武士道日本精神的李登輝，居然能夠以小搏大而且躬親力行西田哲學，成功地完成了寧靜革命。日本精神文化竟然在異國開花結果，使日本人的民族自信心爲之振奮。

2. 日本上了一堂「認識台灣」的歷史課

日本媒體一向鮮少報導台灣，有些日本人民對於Taiwan或Thailand，混淆不清，甚至不知道中華民國與中華人民共和國有別。李氏旋風不但吹醒了日本人民對台灣的無知，也掀起了認識台灣的風潮，而且使日本人民感受到台灣人的友日感情，也深深體會

出台日唇齒相依的重要關係。

3. 日本政府學會了使用台灣牌

李前總統九度來日，日本政府也九度面對中國的嚴厲施壓警告，但在屢次的攻防中，日本政府終於領悟，只要理直氣壯地堅守國格、貫徹意志，中國還是無可奈其何，而且，適當使用李登輝台灣牌，有時還可充當與中方討價還價的籌碼。

台灣方面：

1. 打破台日外交僵局，讓台灣走得出去

台美及台日的關係，對於維護台灣的安全何等重要，但，行事風格一板一眼的日本政府，拘泥於台、日無邦交，保守的外務省，其涉台官員升官的唯一出路就是外派中國發展，因此，在不敢得罪中國的心態下，對於李前總統的訪日，總是設下種種關卡，期待李前總統能自肅而知難而退，但李前總統見招拆招，一一突破，終於打通了滯塞不進的台日外交之路。

2. 在台灣上了一堂「認識日本」及「認識台灣」的歷史課

由於中日之間的恩怨情仇關係，使得無論是中華人民共和國或中華民國，對於日本近代歷史的記載，難免會有所偏頗而且負面居多，就連台灣人，對於日治時代的台灣歷史也是一片茫然，對日本的正面報導更是付之闕如。透過李前總統系統性訪日行程，使得包括我在內的台灣人，終於認識日本殖民時代使台灣脫胎換骨銳變成爲現代化社會的關鍵人物，如「台灣近代化之父」的台灣總督府民政長官的後藤新平醫學博士、「台灣嘉南大圳之父」八田與一水利工程師、台灣總督府殖產局長「台灣糖業之父」新渡户稻造農學博士，及「台灣蓬萊米之父」台北帝大教授磯永吉農學博士等等。

託李總統之福，讓多數的台灣人，包括旅日多年的我，也將觸角伸及日本的哲學、文學、醫學及政治革新學領域，隨著李前總統的行腳，使我們認識了日本近代哲學之父·京都學派創始人西田幾多郎大師、日本大文豪司馬遼太郎、日本俳句詩聖松尾芭蕉、世界最先進的癌症療法BNCT及開啓明治維新之幕的坂本龍馬和他的「船中八策」等等。

3. 提高了台灣的能見度及民族自尊心，也鞏固了台日關係

李前總統每次訪日，都是台日的大消息，也觸動了中國的敏感神經，成了台、日、中媒體的注目焦點，當來自中國的打壓愈厲害時，日台媒體的報導就愈大，而李前總統在日本所得到的掌聲也愈多，如此一來一往，不但提高了台灣在日本的能見度，勇者無

懼的「台灣の李登輝」形象在日本人的心目中也益加深根柢固，海內外的台灣人，尤其是旅日台僑，更是與有榮焉，無形中孕育了台、日的同仇敵愾氣氛，也爲台、日命運共同體營造出有利的條件。

由於命運的安排，李前總統的出生母語是台語，教育母語是日語，而其馳騁奔騰的職場及叱咤風雲的官場，所用的語言卻是不很得意的華語。所以，雖然他博學多聞而且滿腹經綸，但在自己的母國卻無法用母語充分表達出來，反而在日本能夠如行雲流水般自然地將其所思、所想及所學發揮到淋漓盡致，也得到了廣大日本人民的共鳴，嬴取熱烈的掌聲及正面的迴響。這也是另類的「生爲台灣人的悲哀」吧！

六、站在戰略高度的哲人政治家，誰能與爭鋒？

好讀不倦、充滿哲理思想的學者總統，又有虔誠的基督信仰，得以將內心的軟弱，轉而像保羅「我是基督在內的我」一樣，成爲「李登輝是不是李登輝的李登輝」，正因爲追求「不是李登輝的李登輝」，所以在思想上非得回歸到西田哲學「絕對無」的境界不可，因爲「絕對無」，所以達到沉靜及虛空自己的目的，也就是老子所謂「致虛極、守靜篤」的境界，「靜故了群動、空故納萬境」。以靜制動、以空納物，李前總統永遠站在思想的制高點，自然就可遊刃有餘地迅速掌握全局，操控國事於股掌之間，如此高瞻遠矚的哲人學者又具有戰略高度的政治領袖，堪稱台灣的人間國寶，不要說台灣，就是放眼全世界的政治家，誰能與爭鋒？

李前總統與司馬遼太郎對談時說：「當我想到眾多台灣人被犧牲的二二八事件時，出埃及記就是我的結論。」李前總統透過民主的手段，完成寧靜革命，將台灣從外來政權的獨裁體制導向自由民主之路，從「生爲台灣人的悲哀」升華爲「生爲台灣人的幸福」。這就是李登輝先生的「出埃及記」，也是李前總統對台灣人民不可磨滅的歷史貢獻。

李前總統卸任後，從二〇〇一年第一次到二〇一八年第九次訪日，我何其有幸，不但恭逢其盛，而且參與其事，他所走過的軌跡就是不可磨滅的歷史。

作爲旅日台僑，責無旁貸地將這一位橫跨台、日兩國，貫穿戰前、戰後世代，備受尊崇的台灣人間國寶，在北國日本所綻放出的光芒，及所留下不爲人知的雪泥鴻爪，一一記錄下來，爲台日友好作見證，也爲後代的子子孫孫們留下一個美好的記憶。

二〇一九年十二月十二日

王輝生於日本琵琶湖畔敬筆

第九章
附記及感想

一、根回外交的豐功偉績

台日無邦交，卻在歷史上有過五十年的同甘共苦經驗，在地理上，離日本南疆石垣島不過咫尺之遙，唇齒相依，如今更是命運共同體，爲了彌補彼此官方之間、檯面上外交的不足，於是「根回外交」就應運而生。

日文「根回し」的意思是，在將大樹移植之前，事先在其本根周圍作修剪的工夫，待長出細根後再加以移植，就可提高其存活率。它運用在日常的爲人處事上，形成一種獨特的根回文化，凡事在進行之前，預先透過協商溝通，打好基礎後再拿到檯面上拍板定案的一種行事風格。

深受道家思想影響的日本近代哲學之父、京都大學的西田幾多郎教授熟知老子「深根固柢，長生久視」之道，只要本根札得深、基礎打得牢，凡事都能水到渠成而長保成果。此種重視根本基礎的哲理思想，影響所及，造就了日本諾貝爾獎二十七位得主中有十九位與京大有關，也衍生了日本人的「根回文化」。

出身京大、承襲西田教授之風的李前總統及謝長廷大使，都深悉「根回し」的個中三昧。李前總統憑著個人的博學多聞，及摻雜武士道蘊味的李登輝精神魅力，風靡全日本，曾親臨日本國會演講，並在飯店與安倍首相「如期而遇」等等突破，其根回外交已經達到爐火純青的地步。而謝大使也不遑多讓，他在京大鑽研法哲學十二年，出使日本後，更是將根回外交發揮到淋漓盡致，不到二年就訪遍日本四十七個都道府縣，串連一百三十個地方政府的議會，每年召開「日台議員高峰會」，去年在台灣高雄舉行，共有三百二十三名來自日本各地方的議員赴台共襄盛舉。這些地方議員都是將來要入主國會的預備軍，也是目前國會議員們或內閣大臣們的重要選舉樁腳，由於日本是內閣制政體，執政的大臣們都是來自日本各地方的現役國會議員，確保其樁腳，就是替大臣們鞏固其根基。

台灣與日本有過五十年的共同歷史，知日人才濟濟，可惜中華民國政府敗逃來台灣後，由於少數統治多數，可能敗戰後餘悸猶存，心虛，深怕大使與僑民沆瀣一氣而難以駕馭，所以歷任駐日大使，除了李登輝及陳水扁主政時期以外，清一色都是大陸籍人士，不但不諳台語，甚至有的連日語都不懂，而大部分的僑民都是台灣籍，所以有些只會台、日語的台僑根本無法與大使溝通。

謝大使有鑒於此，所以出使日本後，就僕僕風塵地穿梭各僑社，啓發串連他們經年累月所蘊藏的潛力，組成蜘蛛網般的人脈關係，與各地方電視台簽約，長期定期播放有關台灣的節目，由於東北大地震時，台灣人踴躍捐輸，冠居全球，日本人深受感動，民意調查有近九成的日本人民對台灣具有好感，所以電視台的台灣節目收視群眾也上逼千萬人。

台灣已經超越美國，成了日本高校生畢業旅行的首選之地，締造出目前空前良好的台日關係，尤其是一勞永逸地根治了延宕多年、久拖而未能治的陳年心病（台灣駐日代表處館產的產權變更），更是居功厥偉。

今年（二〇一九）三月，有位日本媒體人野島剛先生以「從馬紀壯到台北駐日經濟文化代表處三十三年的更名路」爲題，揭露了台灣護產成功的大消息。事情原由是，一九七二年日本與中國建交時，當時屬於中華民國名下的財產都被中國接收，位於東京鑽石地區的六本木有七二四二平方公尺的駐日大使館就如此輕易地拱手讓給了中國，台灣只好於一九八六年在東京的港區白金台買下六千平方公尺的土地，建新館成立代表處。爲了記取教訓，將所有權登記在當時駐日代表馬紀壯的個人名下，然而，馬先生於一九九八年去世，事隔多年，這片土地已成了高級地段，地價也水漲船高成了數百億或千億的天價（公家的評估價一百五十億，由於位在東京精華地區，實價約公定價的五到十倍），如不及早更改產權人的名稱，久而久之，勢必將如同國民黨的龐大海外資產一樣，最後會無可奈何地淪爲個人的囊中物，歷經三十三年、八任的駐日代表都心有餘而力不足，以致束手無策。

然而，今年野島先生前往法務局調閱資料時，竟發現在謝大使默默地斡旋下，台灣代表處的館產產權人已經悄然地在今年一月二十四日由馬紀壯更改爲「台北駐日經濟文化代表處館產管理委員會」，並有根有據地拍照佐證，此事由於金額龐大而且涉及許多既得利益者的權益，所以反撲的力量層出不窮，近二年來經常在各媒體或line群組散播「謝大使變賣中華民國財產，慘遭日本政府罰款」等等詆譭的假消息，企圖負隅頑抗。然而，有識之士皆知，自台日斷交後，在全日本所有以中華民國爲名的財產，如各地的僑校、孔廟、領事館產等等，都悉數落入中國之手，所以哪裡還有中華民國的財產可供變賣，但，仍然人言籍籍，其企圖阻擾變更產權名之心，昭然若揭，所幸天佑台灣，終能成功地守住屬於台灣人民的巨大財產，相信這是謝大使忍辱負重的根回外交成效，日本政府才會暗中鼎力相助而玉成此事。

由於謝大使在日本全國各地都播種了無數的友台種子，當春風一吹，就有如雨後春筍般到處破土而出，此次的護產成功及最近台灣駐福岡辦事處收到安倍的國慶賀電，都是活生生的範例。

由於台日無邦交，所以政府的外交行爲往往不能在檯面上公開進行，但由於雙方靈犀相通，檯面下的「根回し」反而「深根固柢」地達到了「長生久視」的目的，這種只能做不能說的根回外交，屢創佳績，身爲旅日台僑，對於這種殫精竭慮、不計毀譽地確保僑民精神堡壘的壯舉大喜事，在肅然起敬之餘，覺得有必要將此不爲人知的豐功偉績公諸世人，並希望國人瞭解，這種日本獨特的根回文化，體諒非邦交國台日間所建立的檯面下關係。因爲，這種以彼此互信爲基礎、根深柢固的人脈關係，得來不易而且成績斐然，如果只因黨同伐異、刻意除根去枝，要將它逼到檯面上任驕陽烈日曝曬、勢必枯萎凋零，將嚴重破壞台日雙方彼此靈犀相通的默契關係，而親痛仇快，這絕非台日邦誼的「長生久視」之道，安倍賀電的事件，在台灣鬧得沸沸揚揚，竟然還有人刨根究柢窮追猛打，這不是無知就是居心叵測，都是台日友好的trouble maker。

二、根回外交的二位台灣之友

李前總統卸任後雖無公職，但對於其訪日，日本政府仍然絲毫不敢掉以輕心，維安規格甚或超過邦交國的元首，然而，台灣駐日官方單位如果插手其事，反而動輒得咎，會成為中共對日本政府施壓的藉口，所以在李前總統與日本政府之間扮演「根回し」的溝通者角色，必須是雙方都能夠器重信賴的大咖人物。李前總統九度蒞臨日本，有二位令人肅然起敬的台灣誠摯友人，就是幕後的關鍵人物，茲介紹如下。

椎名素夫參議員：椎名先生本是物理學者，在其尊翁去世後才踏入政壇，曾任日本眾議院及參議院議員，其外祖父就是台灣近代化的最大推手後藤新平博士，尊翁椎名悅三郎眾議員，是一九七二年日、台斷交時的外務大臣，斷交後，他仍然僕僕風塵地來回日、台兩地，亡羊補牢地鋪陳無邦交的台、日互動架構。

同為學者出身的椎名先生與李前總統惺惺相惜，二〇〇〇年李前總統艱難訪日，椎名先生盡心竭力地穿梭交涉，他的「根回し」居功厥偉。二〇〇三年榮獲陳水扁總統頒贈「紫色大綬景星勳章」，李前總統伉儷還特地前往總統府觀禮，由前後任元首共同見證頒授勳章給外國友人，是中華民國歷史上的第一次。同年他也榮獲美國鮑威爾國務卿頒贈「國務卿特別功勞獎」，這也是日本人得此殊榮的首次。

可惜，這位謙謙君子的儒者政治家，天不假年，於二〇〇七年因肺炎去逝，享年七十六歲。

江口克彥博士：他不但是成功地將李前總統介紹給日本的第一人，而且也是把摻雜著武士道蘊味的「李登輝精神」深深植入日本人民心裡的最大功勞者（king maker）。這位深識良馬的好伯樂曾經是「日本經營之神」松下幸之助先生的左右手，擔任其特別助理二十二年，並奉松下先生之命於一九六七年擔任籌創「松下政經塾」的負責人，該塾是蘊育日本各界領袖人物的搖籃，在一九七九年正式成立並開始對外招生，造就了不少日本政、經、財、文化界的領袖人物，從籌創到經營，直到一九八九年江口先生才離開「松下政經塾」的參與。然後專心入主也是屬於松下集團的「PHP綜合研究所」當社長，二

二○○三年椎名素夫參議員榮蒙陳水扁總統頒贈紫色大綬景星勳章，李前總統伉儷前往觀禮。

○○九年才棄商從政，當上參議院議員而步上政壇。

由於這位日媒所尊稱的松下政經塾「生みの親（催生之親）」江口先生作育英才多年，在日本桃李滿天下而且各居要津，其人脈關係橫跨日本政、經、財、文化、出版及學界，在日本是一位舉足輕重的叡智長者。

二〇〇〇年江口先生不顧中國的施壓反對，毅然決然在日本出版台灣現任總統李登輝先生的大作《台灣の主張》。由於江口先生在出版文化事業的豐沛人脈關係，使該書頓時成爲暢銷書，高達二十萬冊以上的銷售量，創下日本有史以來政論性書籍的最高記

PHP綜合研究所江口克彥社長。

江口克彥伉儷受邀參加李前總統孫女的婚禮。

錄。日本五大報也前所未有、不約而同地一致推崇此書，一舉將「台灣の李登輝」及「李登輝精神」導引入日本人的內心世界，在日本開啓了「李登輝熱」的序幕。

李前總統在卸任前頒贈「紫色大綬景星勳章」給江口先生，僑務委員會吳新興委員長也親自赴日頒贈「華僑之友榮譽獎章」。江口先生也榮蒙日本天皇頒贈「旭日中授章」。江口先生雖然在台日雙方都功勳彪炳，但爲人低調謙遜，雖然籌謀李前總統前往象徵日本權力中樞的永田町國會演講，並精心安排與安倍首相的「如期而遇」，仍然不顯山、不露水，甘居幕後，所以，深爲李

二〇一八年二月二十一日僑務委員會吳新興委員長親自蒞臨京都頒贈「華僑之友榮譽獎章」給江口克彥先生及「二等華光專業獎章」給王輝生。

二〇一九年十二月二十四日聖誕夜，江口克彥先生親赴台北翠山莊請教李前總統，這是李前總統在住院前最後接見的外國人士。

前總統所信賴，李前總統孫女巧巧大婚之時，江口先生伉儷是唯一榮蒙獲邀觀禮的外國人士。

江口先生在從政期間，對於支持台灣更是不遺餘力，在國會中屢屢爲台灣發聲，他是第一位在日本國會殿堂向首相力陳應該制定「台灣關係法」的國會議員。江口先生對李前總統從敬服到鞍前馬後盡心竭力，一路走來始終如一，李前總統九度蒞臨日本訪問，在背後都可看到江口先生的身影，而且，江口先生更是愛屋及烏地支持台灣。二〇一八年三月九日，爲了聲援台灣加入CPTPP，在日本工業重鎭名古屋邀集他的門生（都是日本名列前茅的大企業社長們）開會，並邀請駐日謝長廷代表前來演講。二〇一九年十一月三十日，還召集其遍布日本各地的子弟兵，齊聚東京成立「台灣友の会」，這種劍及履及地爲台灣打氣的武士道精神，身爲台灣出身的我，除了感激之外，投桃報李，謹藉本書的結語，聊表我衷心的感謝。

三、對日本公安特勤表示由衷敬謝

最後，我必須衷心表示敬意及感謝的是，同樣具有自由民權價值觀的日本公安特勤

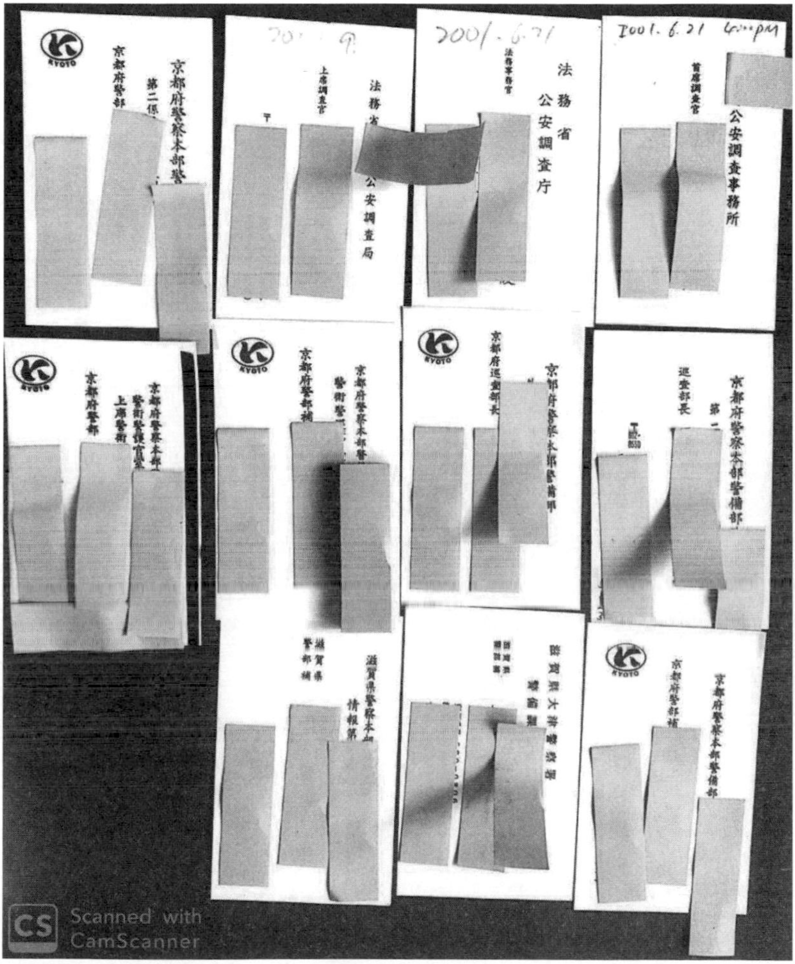

為了促成李前總統的訪日，日本的公安調查人員，三不五時會禮數周到地光臨寒舍，關心聊天，無形中也對我提供了另類的安全保護。

人員，他們在李前總統訪日前或訪日中，不但克盡厥職，默默地提供無微不至的維安措施，而且，連一介草民的我，也都不辭風塵地前來敝地關切問候。除了提供我份內應知的資訊外，並在無形中給了我某種程度的保護，使我免於恐懼，能盡心竭力地爲促進台日友好而略盡棉薄微力。辛苦了，眞多謝。（お疲れさまでした、誠に有り難うございました。）

二〇一九年十二月五日

王輝生執筆於日本琵琶湖畔

第十章 結語

清末民初王國維國學大師的大作《人間詞話》有如暮鼓晨鐘，精闢地代替我，爲李登輝前總統，波瀾壯闊的一生，作了一個完美的結語：

「古今之成大事業、大學問者，必經過三種之境界：『昨夜西風凋碧樹，獨上高樓，望盡天涯路。』此第一境也。『衣帶漸寬終不悔，爲伊消得人憔悴。』此第二境也。『眾里尋他千百度，驀然回首，那人卻在燈火闌珊處。』此第三境也。」

民國初年，西風凜冽，列強諸國挾帶著船堅利炮，摧枯拉朽般東進中國，大樹凋零、青苗未壯，廟堂皆豕鹿之奔，四野有豺狼之伺。

一九一九年五月四日，北京的熱血青年，憤毒之氣，郁爲雲雷，瞬間籠罩全中國，向專制體制及封建思想猛烈開火，爲了救亡圖存而登高遠眺，望盡天涯路，尋尋覓覓地追求「德先生」（Democracy，民主）及「賽先生」（Science，科學）。

生於五四運動稍後的李登輝先生，身爲日本殖民地的二等國民，感同身受，對於「德先生」及「賽先生」的嚮往更是情有獨鍾。

負笈東瀛又留學美國，累積能量後的李前總統在台灣篳路藍縷，開闢民主大道，胼手胝足地完成「寧靜革命」，「爲伊消得人憔悴」而始終無怨無悔，贏得美國《時代》雜誌「民主先生」的尊稱。然而，在其他的華人世界裡，整整一百多年，不要說「爲伊消得人憔悴」，即使是粉身碎骨，夢寐以求的「德先生」及「賽先生」始終落不了地，遠在天邊，可望而不可即。

二〇二〇年七月一日起，港版《國安法》強行實施，舉世譁然，風雨如晦、雞鳴不已，終於驚醒了沉睡中的世人，驀然回首，頓時發現「德先生」及「賽先生」居然屹立不搖地隱身在，燈火闌珊的蕞爾小島上，默默地發光發熱。

老子在《道德經》第八十章所推崇的「小國寡民」，台灣在「民主先生」李前總統的細心播種及深耕勤耘之下，「德先生」及「賽先生」的種子，不但萌芽茁壯，而且已經根深柢固開枝散葉。

歷經九十八年的歲月，轟轟烈烈地走過人生三大境界的李前總統，在二〇〇〇年卸任公職後，悠悠二十年，更是殫精竭慮地著力在台日關係的改善，本人僑居日本四十餘年，有幸見證了這部由剝而復的台、日滄桑史，更慶幸能有機會，鞍前馬後地隨侍在側、親炙謦欬，聊盡棉薄微力，身為日本台僑，除了感恩戴德之外，不敢獨享，謹將二〇〇〇年到二〇二〇年，有如白雲蒼狗般，台、日間的點點滴滴，滙集成書，與海內外的台灣鄉親們共勉之。

二〇二〇年七月四日

王輝生於日本琵琶湖畔敬上

國家圖書館出版品預行編目資料

李登輝訪日秘聞 / 王輝生著. -- 二版. -- 臺北市 : 前衛, 2020.09
面； 公分

ISBN 978-957-801-919-5（平裝）

1. 李登輝 2.臺灣傳記 3.臺灣政治

783.3886 109009472

李登輝訪日秘聞

作　　者　王輝生

責任編輯　楊佩穎

美術設計　盧卡斯工作室
內頁排版　宸遠彩藝

出 版 者　前衛出版社
地址：10468台北市中山區農安街153號4樓之3
電話：02-25865708｜傳眞：02-25863758
郵撥帳號：05625551
購書・業務信箱：a4791@ms15.hinet.net
投稿・編輯信箱：avanguardbook@gmail.com
官方網站：http://www.avanguard.com.tw

出版總監　林文欽
法律顧問　南國春秋法律事務所
總 經 銷　紅螞蟻圖書有限公司
地址：11494台北市內湖區舊宗路二段121巷19號
電話：02-27953656｜傳眞：02-27954100

出版日期　2020年9月二版一刷
定　　價　新台幣380元

Printed in Taiwan　ISBN　978-957-801-919-5
* 請上「前衛出版社」臉書專頁按讚，獲得更多書籍、活動資訊
http://www.facebook.com/AVANGUARDTaiwan